DIE HERAUSGEBER

WILLIAM R. ARROWSMITH (1924-1992), klassischer Philologe und vergleichender Literaturwissenschaftler, studierte in Oxford und Princeton und erhielt außerdem zwölf Ehrendoktorate. Er war Herausgeber der griechischen Tragödien in 33 Bänden bei der Oxford University Press und Gründer und Herausgeber von fünf Fachzeitschriften. Er gehört zu den bedeutendsten Übersetzern des zwanzigsten Jahrhunderts. Lawrence Durrell: »Arrowsmith is that rare animal – a creative translator: there is only one born in each generation usually who can transplant his original blood, bone and sinew. Arrowsmith is such a translator and we are all in his debt.«
Er übersetzte u. a. die Werke von Petronius, Marc Aurel, Euripides, Aristophanes, Cesare Pavese und Eugenio Montale. Er lehrte an den Universitäten von Princeton, Yale, Texas, an der John Hopkins University in Baltimore, der Emory University, Atlanta, der New York University und an der Boston University.
Neben zahlreichen anderen Auszeichnungen und Preisen erhielt er den *Prix de Rome,* die *Guggenheim Fellowship,* die *Rockefeller Foundation Fellowship in the Humanities* und den internationalen *Eugenio-Montale-Preis.*

MICHAEL KORTH, geb. 1946 in Niedersachsen, Musik- und Literaturhistoriker, studierte am Mozarteum in Salzburg Musiktheorie und Aufführungspraxis alter Musik. Er transkribierte und übersetzte die Werke von Minnesängern und anderer mittelalterlicher Dichterkomponisten, u. a. von Walther von der Vogelweide, Oswald von Wolkenstein, Martin Luther sowie die Originalmelodien und Texte der ›Carmina burana‹. Er edierte Liebeslyrik von Frauen (›Schöner Jüngling mich lüstet dein‹), schrieb zwei Kinderbücher (›Bibi Bohnes Weihnachtsfest‹ und ›Der Kater von Marrakesch‹) und verfaßte zahlreiche Kulturbeiträge für deutschsprachige Sender.
Seine Nacherzählung des Neuen Testaments (›Der Junior-Chef‹) fand Eingang in den Konfirmationsunterricht und erreichte eine sechsstellige Auflage.

WILLIAM ARROWSMITH
MICHAEL KORTH

Die Erde ist unsere Mutter

*Die großen Reden
der Indianerhäuptlinge*

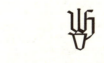

WILHELM HEYNE VERLAG
MÜNCHEN

HEYNE SACHBUCH
19/381

Das Buch erschien bereits 1984
in einer etwas kürzeren Fassung unter dem Titel
MEINE WORTE SIND WIE STERNE –
SIE GEHEN NICHT UNTER
im Dianus-Trikont Buchverlag, München

Die Auswahl der Reden, die Textgestaltung
und die einführenden Kommentare stammen von
William Arrowsmith, das Vorwort,
die Bildauswahl und die Übertragung der Reden
und Kommentare aus dem Amerikanischen
von Michael Korth.

Copyright © 1995 by Wilhelm Heyne Verlag
GmbH & Co. KG, München
Printed in Germany 1995
Umschlagillustration: Archiv für Kunst und Geschichte, Berlin
(Kicking Bear; Foto von 1896)
Umschlaggestaltung: Atelier Adolf Bachmann, Reischach
Herstellung: Andrea Cobré
Satz: Schaber Satz- und Datentechnik, Wels
Druck und Verarbeitung: Presse-Druck Augsburg

ISBN 3-453-08771-2

Inhalt

Vorwort   7

Häuptling Seattle   17
Meine Worte sind wie Sterne – sie gehen nicht unter

Medizinmann Smohalla   29
Weisheit kommt aus Träumen

Häuptling Owhi   35
Der Große Geist war vor der Erde

Häuptling Red Jacket   39
Ihr wollt uns eure Religion aufzwingen

Häuptling Sitting Bull   49
Sie behaupten, unsere Mutter, die Erde, gehöre ihnen

Gebet einer Indianerfrau   53

Häuptling Captain Jack   55
Ich klage die Weißen als Massenmörder an

Häuptling Colonel Cobb   65
Dort, in den alten Föhren, hörst du die Geister unserer Toten

Häuptling Red Cloud   71
Ich komme von dort, wo die Sonne untergeht

HÄUPTLING POWHATAN 77
Was kannst du durch Krieg gewinnen?

HÄUPTLING CHARLOT 81
Riecht nicht der weiße Mann nach Tod?

HÄUPTLING MOISÉ 91
In jenen Tagen waren wir glücklich

HÄUPTLING SPECKLED SNAKE 95
Wo sind die roten Kinder, die er liebt?

HÄUPTLING BLACK HAWK 101
Der weiße Mann vergiftet das Herz

HÄUPTLING BLACK HAWK 107
Ich danke euch für eure Freundschaft

HÄUPTLING RED BIRD 111
Das Sterbelied des Häuptlings Red Bird

Chief Joseph gibt den Kampf auf 115

CHIEF JOSEPH 117
Wir verlangen, als Menschen anerkannt zu werden

Zur Geschichte der Fälschung der Rede
von Häuptling Seattle 151

Bildnachweis 156

Vorwort

Als die Europäer in Nordamerika eindrangen und das Land Schritt für Schritt eroberten, stießen sie auf eine Kultur, die ihnen primitiv und barbarisch erschien. Wie alle Völker, die durch die schriftliche Fixierung von politischen Ereignissen und Vorgängen ein Geschichtsbewußtsein und eine staatliche Organisation entwickelt hatten, die jeden einzelnen Bürger erfaßte und einer Klasse zuordnete, blickten sie mit der Selbstgerechtigkeit der weißen Rasse auf die ›Primitiven‹ und deren urgemeinschaftliche Lebensform herab.

Zu Beginn waren die ›Wilden‹ zwar für die Eindringlinge äußerst nützlich als Wegkundige im unerforschten Gebiet, als Beschaffer von Nahrungsmitteln und später auch als Späher und Verbündete in den kriegerischen Auseinandersetzungen zwischen England und Frankreich um den Besitz der nordamerikanischen Kolonien; doch schon kurz nach der Gründung der ersten europäischen Niederlassung, Jamestown (1607), kam es zu Konflikten zwischen Indianern und Engländern. Damit begann die jahrhundertelange Elendsgeschichte der Unterwerfung, Vertreibung, Deportation, Diskriminierung und Massenvernichtung der nordamerikanischen Urbevölkerung. Die Ursache dieser Tragödie lag in der Gier der Weißen nach dem ›ungenutzten‹ Land der Indianer. Nur wenige Amerikaner erkannten die Eigenart und Qualität der indianischen Kultur, wie zum Beispiel der Ethnograph und Maler George Catlin (1796–1872) oder der Dichter Washington Irving (1783–1859), und setzten sich für ihre Erhaltung und die Rechte der Indianer ein. Der Großteil der Missionare, Militärs und Regierungsbeamten dagegen versuchte mit fanatischem Eifer, aus den ›Wilden‹ zivilisierte, gottesfürchtige, nützliche Menschen zu machen, indem sie ihnen westliche Segnungen wie Höllenlehre, Zucht und Ordnung, Schuldienst und anderes mehr aufzwangen, die indianische Kultur systematisch zu zerstören.

Vergangene Epochen oder außereuropäische Kulturen differenziert zu erfassen, fällt selbst Fachleuten schwer. So sagt zum Beispiel Jacob Burckhardt (1818–1897) in der Einleitung zu seiner meisterhaften Darstellung *Die Kultur der Renaissance in Italien:* »Die geistigen Umrisse einer Kulturepoche geben vielleicht für jedes Auge ein verschiedenes Bild ... und leicht könnten dieselben Studien, welche für diese Arbeit gemacht wurden, unter den Händen eines anderen nicht nur eine ganz andere Benutzung und Behandlung erfahren, sondern auch zu wesentlich verschiedenen Schlüssen Anlaß geben.«

Diese Worte erklären, warum jede Zeit, jede Gesellschaft und jede Generation ihre spezifische Anschauung über eine fremde Kultur oder eine ethnische Gruppe hat. Wissenschaftler, Schriftsteller, Politiker und Journalisten prägen das Bild einer Kulturepoche oder historischen Gestalt, das in der Folge oft zu einem Klischee erstarrt wie das ›finstere Mittelalter‹ oder die Ära des ›guten Kaisers Franz‹.

Für die meisten Amerikaner der Grenzgebiete

waren die Indianer in der ersten Hälfte des 19. Jahrhunderts »eine Bande elender, schmutziger, verlauster, diebischer, verlogener, mordender, hinterhältiger und glaubensloser und dreckfressender *Stinktiere,* wie sie nach dem Willen des Herrn nirgends sonst die Erde vergiften und für deren sofortige und endgültige Vernichtung *Menschen* beten sollten«.[1]

Dieses negative Bild war zweifellos durch Fakten geprägt worden, auf die sich die meisten Berichte stützten. Die halbzivilisierten Indianer im Grenzland – um ihr Land betrogen, verarmt und entwurzelt, ihrem sozialen Gefüge entrissen, vom Alkohol demoralisiert, von Krankheiten geschwächt und dezimiert – waren tatsächlich eine durch die Glücksgüter der Zivilisation ins Elend geratene Gruppe seelisch und moralisch gebrochener Menschen. Natürlich gab es Ausnahmen wie den ehemals gefürchteten Häuptling Geronimo, der sich nicht korrumpieren ließ und stolz auf Almosen des Staates verzichtete. Aber selbst diese aufrichtige Haltung wurde ihm von den Puritanern verübelt: »Jagen konnte er nicht mehr, denn das Wild war nicht mehr da. Stehlen durfte er nicht, denn er stand unter dem Gesetz. Arbeiten wollte er nicht, denn sein Stolz verbot es ihm. Darum schnitzt er sein Leben lang Pfeile und Bogen und verkauft sie an Touristen.«[2]

Doch während der heldenhaften Kämpfe der letzten freien Stämme im Westen unter ihren legendären Häuptlingen Sitting Bull, Chief Joseph, Red Cloud

---

[1] Aus einer Zeitung aus Kansas um die Mitte des 19. Jahrhunderts. Zitiert nach S. Golowin, Indianer – Portraits & Mythen, Dreieich 1981.
[2] E. v. Hesse-Wartegg, Nord-Amerika, 3, Leipzig 1880, S. 8.

u. a. wandelte sich ab Mitte des vorigen Jahrhunderts das Indianerbild. Die Indianerschau, mit der Bill Cody (Buffalo Bill) von Stadt zu Stadt zog, die Fotografien der imposanten Häuptlinge, mit denen geschäftstüchtige Fotografen bei der bürgerlichen Gesellschaft der Ostküste für Aufregung sorgten, Catlins Reisedokumentation und seine exotischen Darstellungen aus dem Leben der Indianer und schließlich auch Coopers Indianerideal im *Lederstrumpf* brachten den zuvor verachteten ›Wilden‹ plötzlich die Sympathie der Öffentlichkeit ein. Und genau zu der Zeit, als im Westen die letzten freien Indianerstämme von US-Soldaten abgeschlachtet und die wenigen Überlebenden in trostlose Reservate gesperrt wurden, entstand an der zivilisierten Ostküste wie auch in Europa jenes romantische Indianerbild, das heute noch in der amerikanischen und besonders in der europäischen Gesellschaft nachwirkt. Dazu haben literarische Grimassen, wie die des Super-Kitschiers Karl May um die Jahrhundertwende, nicht wenig beigetragen. Dieses Bild erfuhr durch das Massenunterhaltungsmittel Film mit seiner Schwarzweiß-Malerei von Gut und Böse ab den zwanziger Jahren eine neuerliche Veränderung: hie die für Recht und Ordnung kämpfenden Weißen, dort die schurkischen Indianer. Der Höhepunkt dieser Negativ-Darstellung wurde mit den sattsam bekannten Westernfilmen der fünfziger Jahre erreicht. Als sich in den sechziger Jahren die weißen Filmhelden in den abgedroschenen Wildwestklamotten allmählich zu Tode siegten, holten Drehbuchautoren den verschollenen edlen Wilden wieder hervor. Damit kamen sie einem Bedürfnis weiter Bevölkerungskreise entgegen, denn soeben entdeckte die junge ökologische Bewegung die sinnvolle Lebensweise der Indianer in der Natur. Enthusiastisch wurde alles, was die Indianer, ihre Geschichte, ihr Denken und ihre Einstellung zur Umwelt betraf, aufgegriffen und kritiklos verbreitet. Ein eklatantes Beispiel dafür ist die Baptisten-Fassung der Rede des Häuptlings Seattle, die gegenwärtig unter dem Titel *Wir sind ein Teil der Erde* in Deutschland und anderen deutschsprachigen Ländern grassiert. Wie diese Fälschung zustande kam und auf welche Weise sie verbreitet wurde, wird weiter unten erläutert.

Die begeisterte Aufnahme der Pseudo-Rede Seattles und ihre enorme Verbreitung sind ein sicheres Indiz dafür, daß das alte romantische Indianerbild wieder auflebt. Das hat seine Gründe. Angeekelt von den Auswüchsen der westlichen Zivilisation, besorgt um die bedrohte Umwelt und voll Angst und Furcht vor einem atomaren Holocaust, fragen sich viele Amerikaner und Europäer, ob die Entwicklung der Zivilisation in den westlichen Industriestaaten nicht einen falschen Weg eingeschlagen hat. Sie sehnen sich nach einem natürlichen, einfachen, sinnvolleren Leben. Das Kulturbewußtsein der westlichen Industrienationen ändert sich. Bedeutende Wissenschaftler wie Ivan Illich stellen die jahrhundertealte Art der westlichen Bildung, ihre Vermittlung und ihre Inhalte in Frage; durch neue Technologien wird die Arbeit als Wert an sich zweifelhaft; die Versteppung fruchtbaren Bodens infolge jahrzehntelangen Raubbaus entlarvt den Fortschrittsglauben, daß durch die Technik alles auf dieser Welt machbar sei, als selbstmörderische Naivität.

Einiges von dem aber, was heute Gegenstand wissenschaftlicher Untersuchungen ist, wurde seinerzeit von Indianern, die nicht lesen und schreiben konnten, bereits erkannt. Damit erhalten die vor rund hundert und mehr Jahren treffend formulierten Einsichten der Häuptlinge eine verblüffende Aktualität. Einige Beispiele:

»Sie beschmutzen unsere Mutter (die Erde) mit ihren Gebäuden und ihrem Abfall. Sie zwingen unsere Mutter, zur Unzeit zu gebären. Und wenn sie keine Frucht mehr trägt, geben sie ihr Medizin, damit sie aufs neue gebären soll. Was sie tun, ist nicht heilig.« (Häuptling Sitting Bull, 1866)

»Der rote Mann hat keine Bücher. Und wenn er sagen will, was er denkt, spricht er mit dem Mund wie seine Väter vor ihm. Er hat Angst vor dem Schreiben. Wenn er spricht, weiß er, was er sagt. Die Schrift ist eine Erfindung der Weißen. Sie gebiert Krieg und Leid. Der Große Geist spricht.« (Häuptling Cobb, 1843)

»Meine jungen Männer werden niemals arbeiten. Menschen, die arbeiten, können nicht träumen, und Weisheit kommt aus Träumen.« (Medizinmann Smohalla, um 1890)

Aber auch die heutigen Stammesältesten indianischer Völker warnen vor dem Verlust von Weisheit und Träumen – »Mein Volk braucht nicht mehr Arbeiter, mein Volk braucht mehr Träumer«[3], so ein Algonquin-Häuptling in der Provinz Quebec in den siebziger Jahren –, und die Sprecher der Indianerbewegung zitieren in ihrem Dialog mit dem weißen

---

3 Die Rückkehr des Imaginären, S. 337–338, Dianus-Trikont Buchverlag, München 1981.

Amerika (und sofern ihnen die Gelegenheit eingeräumt wird, vor den Vereinten Nationen zu sprechen) immer wieder die Worte ihrer Vorfahren. Von Sitting Bull zu Russell Means ist der Übergang nahtlos; beide be- und verurteilen die Zerstörung der Erde aus der Weltsicht ihrer Ahnen, beide bedienen sich der Kraft der Rede, ungeachtet der Tatsache, daß die herrschende Gesellschaft erst Beachtung schenkt, wenn das Wort gedruckt ist.

Zeitgenössische indianische Intellektuelle wie Vine Deloria, die um die Rechte der heutigen Ureinwohner kämpfen, halten das Edieren von Reden der alten Häuptlinge für überflüssig.[4] Sie sehen darin eine historische Verklärung, die nicht ihrer Sache dient, ein neuerliches Aufwärmen des romantischen Indianerbildes, das von den aktuellen Problemen zwischen Weißen und Indianern ablenken soll. Aus seiner Sicht hat Vine Deloria recht, und manche progressive Ethnologen vertreten dieselbe Auffassung. Der Literaturhistoriker aber hat ein anderes Interesse. Für ihn sind diese Reden Dokumente einer vergangenen Sprachkultur, Zeugnisse einzigartiger Dichtung, deren Großteil, da die Indianer nur die mündliche Tradition kannten, verlorengegangen ist. Um so bedeutender ist es daher, daß einige tausend solcher Reden aufgezeichnet wurden. Sie liegen, bis heute im großen und ganzen unveröffentlicht, im Nationalarchiv in Washington.

Die meisten Reden sind amtliche Dokumente, die von Regierungsdolmetschern bei den Verhandlungen

---

[4] Vine Deloria Jr., Gott ist rot – Eine indianische Provokation, Dianus-Trikont Buchverlag, München 1984.

zwischen Häuptlingen und Regierungsvertretern auf englisch mitgeschrieben wurden, da die Häuptlinge im allgemeinen nur ihre eigenen Sprachen beherrschten. Andere Reden wurden von schreibkundigen Indianern später aus dem Gedächtnis oder nach Berichten von Augenzeugen formuliert, wieder andere von weißen Indianerfreunden überliefert. Die einzigen Quellen dieser Texte bilden also Übersetzungen ins Englische. Wie genau ein Text überliefert wurde, lag an der Sprachkenntnis, der Gewissenhaftigkeit und Begabung des Übersetzers. Daß dabei manches verlorengegangen, manches falsch interpretiert und manches später für das Leserpublikum literarisch aufgebessert worden ist, liegt auf der Hand. Das mußte bei der Textgestaltung berücksichtigt werden. Das Kriterium für die Aufnahme einer Rede in diese Sammlung bildete die Sprachkraft des Autors.

Reden wurden vor der Erfindung des Magnetophons selten der Nachwelt überliefert. Rare Ausnahmen sind die Worte großer Rhetoriker wie Jesus Christus oder Sokrates, die deshalb erhalten sind, weil von ihrer Kraft, ihrem dichterischen Reichtum und ihrer Weisheit eine Faszination ausging, die sich unauslöschlich im Gedächtnis der Hörer festsetzte und bewirkte, daß einige von ihnen das Gehörte aufschrieben. (Auf dem Papier vorformulierte, abgelesene Texte sind keine Reden, da ihnen etwas ganz Entscheidendes fehlt: das spontane Element.)

Reden von Vertretern besiegter Völker, unterworfener ethnischer oder sozialer Gruppen, zerschlagener Oppositionsparteien werden in der Regel schon deshalb nicht festgehalten, weil der Sieger ein besonderes Interesse daran hat, das Gesagte aus dem Bewußtsein zu verdrängen, denn die Aufzeichnung einer solchen Rede birgt die Gefahr, daß das darin enthaltene Gedankengut die Besiegten aufs neue mobilisiert.

Außerdem würden die Worte des Besiegten in den meisten Fällen das vom Sieger entworfene Bild des Gegners und seine moralische Rechtfertigung in Frage stellen. Vercingetorix' Rede an Cäsar nach der Niederlage der Arverner, vermutlich ein Zeugnis überragender menschlicher Größe angesichts der Unterwerfung seines Volkes nach einem verzweifelten Kampf um die Freiheit, ist – wie der größte Teil der Reden der Besiegten – nicht erhalten. Sicher würden Vercingetorix' Worte Cäsars Darstellung der Eroberung Galliens, *De Bello Gallico,* in einem anderen Licht erscheinen lassen. Daher sind die hier vorgelegten Reden auch wesentlich mehr als nur Zeugnisse einer raren Gattung der Literatur.

HÄUPTLING SEATTLE

Im Januar 1855 schloß Isaac Stevens, der Gouverneur des Territoriums Washington, einen Vertrag mit den Duwamish-Indianern aus Puget Sound bei Point Elliot, das ist jene Stelle, die heute das Zentrum der Großstadt Seattle im Staat Washington bildet. Entsprechend den Bedingungen des Vertrages waren die Duwamish bereit, in ein kleines Reservat nördlich von Seattle umzusiedeln. Das offizielle Protokoll dieser Verhandlungen enthält den Text der Rede des Gouverneurs, eine kurze Antwort von Seattle, dem Häuptling der Duwamish, und die einzelnen Punkte des Vertrages. Im Nationalarchiv in Washington gibt es keinen Hinweis auf die hier abgedruckte Rede von Seattle. Das ist der Grund, warum Zweifel an ihrer Authentizität aufgekommen sind.

Die Fakten: Im ›Seattle Sunday Star‹ vom 29. Oktober 1887 veröffentlichte einer der ersten Siedler, Dr. A. Henry Smith, seine Version einer Rede von Häuptling Seattle. Er behauptete, die Rede auf englisch mitgeschrieben zu haben, während Häuptling Seattle sie in der Sprache der Duwamish vortrug. Smith' Version ist offensichtlich im hohen, gestelzten Ton der viktorianischen Epoche abgefaßt. Es ist unvorstellbar, daß ein Häuptling jener Zeit eine Rhetorik dieser Art verwendet haben könnte. Die ›schwindelnde Höhe‹ des Stiles ist ein weiterer Grund, warum die Authentizität der Rede bezweifelt wird. Andererseits aber klingt sogar noch in Smith' schwülstiger Version unverkennbar eine faszinierende Kraft und Schönheit an. Unter der Patina literarischer Rhetorik ist ein Text verborgen, den meiner Meinung nach kein Weißer jener Epoche verfaßt haben kann. Zusätze, poetische Verschönerungen und gutgemeinte Verbesserungen verhüllen einen harten Kern komplizierter und scheinbar mühelos hervorgebrachter Dichtung und Gedanken, die das Merkmal indianischer Rhetorik dieser Epoche sind. Zugegeben, keine offizielle Mitschrift einer Rede von Seattle vermittelt den Eindruck echter Sprachkraft, aber zu seiner Zeit hielt man Seattle für einen außergewöhnlichen Redner, und die Rede, die uns Smith überliefert hat, ist einzigartig. Smith versichert und betont, daß sich Seattle bei dieser Gelegenheit geweigert hat, seine Rede in Pidgin-Englisch oder Chinook zu halten, Sprachen, die Gouverneur Stevens bei seinen Verhandlungen mit Indianern bevorzugte. Seattle hat in diesem Fall über etwas gesprochen, das nur sein Volk anging, daher hat er die Rede an seine Stammesangehörigen in deren eigener Sprache gehalten. (Bei Verhandlungen in weniger verbreiteten Indianersprachen verzichtete Gouverneur Stevens oft auf Übersetzer. So waren die kleineren Stämme gezwungen, in einer der gängigen Indianersprachen, in Pidgin-Englisch oder in Chinook, einer hoffnungslos ausdrucksschwachen Indianersprache, zu verhandeln.) Das kann die Erklärung dafür sein, daß die Rede im offiziellen Protokoll weggelassen wurde; sie wurde nicht nur in Duwamish, sondern auch vor einer hauptsächlich indianischen Versammlung gehalten. Somit war sie nicht Teil der offiziellen Verhandlungen.

Viel später, im Jahre 1932, wurde Smith' verschnörkelte Version in einer noch mehr aufgeputzten und künstlich aufgedonnerten ›Übersetzung‹ von einem gewissen John M. Rich herausgebracht.[1] Vor billigen Stereotypen triefend und mit sentimentaler christlicher Frömmelei überzogen, ist Richs Text auf einen Blick als Fälschung zu erkennen. (Richs Text basiert auf Smith' Version als einziger Quelle.) Die offensichtliche Fälschung dieser Fassung hat weiteren Zweifel

---
[1] Chief Seattle's Unanswered Challenge, Seattle 1932.

an der Authentizität der Rede Seattles aufkommen lassen.[2]

Meine Absicht ist eine ungewöhnliche, aber vielleicht doch legitime Form der ›Übersetzung‹. Sicherlich geht sie weit über das hinaus, was man im allgemeinen unter ›edieren‹ oder ›adaptieren‹ versteht. Aber es ist auf keinen Fall nur eine Überarbeitung von Smith' Version. Die Ziele, die ich vor Augen hatte, waren: 1. die entstellende anglo-amerikanische Rhetorik von Smith und Rich abzuschälen, um den Kern und die Struktur des Textes freizulegen, den ich in seiner Substanz als authentisch betrachte; und 2. die Rede in ihrer ganzen Tiefe gedanklich zu erfassen, ihr Fundament zu durchleuchten und sie nach den besten Modellen, die ich finden konnte, wieder aufzubauen, und zwar in den Grenzen, die die Sprachen und das Vorstellungsvermögen der Nisqually oder Salishan setzen. Meine Vorbilder waren die Indianerreden dieser Epoche, wie sie von den sensibleren und gewissenhafteren Übersetzern, die die Kultur der Indianer erfaßt hatten, aufgezeichnet wurden. Aus diesen Reden konnte ich Rückschlüsse auf die Dynamik der Bilderfolge und die poetische Logik indianischer Redekunst ziehen. Zugegeben, das ist eine intuitive und keine exakte Methode, aber die einzige Alternative dazu wäre, die Redekunst der Indianer – Reden von archaischer Kraft wie die von Seattle und Tecumseh – in eine dünnblütige verfälschte Form zu bringen – jene Form, in die die weißen Völker des Westens mit ihrer Art des Schauens und Benennens den gesamten Kosmos zwängen. Diese einengende Form beraubt die Indianer und auch uns Weiße meiner Meinung nach der einzigen echten Gegenkultur zur westlichen Zivilisation, wenn man von den großen, revolutionären, leider aber auch oft entstellten Literaturen der Antike absieht.

---

[2] Von dieser Rede kursiert unter dem Titel *Wir sind ein Teil der Erde* auch eine ökologisch gefärbte Version, die auf den von der Southern Baptist Convention produzierten Film ›Home‹ zurückgeht. Sie ist eine propagandistische Verfälschung des Originaltextes, als deren Übersetzer in älteren Ausgaben fälschlicherweise William Arrowsmith angegeben wird. (Vgl. S. 151.)

Häuptling Seattle

Er besuchte gerne die Galerie der University of Washington, um sich an den Gemälden zu erfreuen. Dort ließ er sich im fortgeschrittenen Alter fotografieren. Es ist die einzige Aufnahme, die es von Häuptling Seattle gibt.

Meine Worte sind wie Sterne – sie gehen nicht unter

Brüder: Der Himmel über uns hat mit unseren Vätern viele hundert Jahre Mitleid gehabt. Für uns sieht er immer gleich aus, aber er kann sich ändern. Heute ist er klar, morgen kann er mit Wolken bedeckt sein.

Meine Worte sind wie Sterne. Sie gehen nicht unter. Was Seattle sagt, darauf kann sich der große Häuptling in Washington[1] ebenso verlassen, wie sich unsere weißen Brüder auf die Wiederkehr von Sommer und Winter verlassen können.

Der Sohn des Weißen Häuptlings[2] sagt, sein Vater sende Worte der Freundschaft und des guten Willens. Das ist freundlich von ihm, wissen wir doch, daß er unsere Freundschaft nicht braucht. Sein Volk ist zahllos wie Gras, das die Ebenen bedeckt. Mein Volk ist klein und zerstreut wie die wenigen vom Sturm geschüttelten Bäume im Grasland.

Der große – und wie ich glaube – gute Häuptling der Weißen schickt uns die Nachricht, daß er unser

---

1 Um die Mitte des 19. Jahrhunderts glaubten die Indianer, daß Präsident Washington noch am Leben sei, vielleicht, weil sie den Namen der Stadt mit dem Namen des ›regierenden Häuptlings‹ verwechselten.
2 Das heißt, der Gouverneur des Territoriums Washington, Isaac Stevens.

Land kaufen will. Aber er will uns genug lassen, damit wir sorglos leben können. Vielleicht ist das großzügig, denn der rote Mann hat keine Rechte mehr, die man achten müßte. Es mag sogar sinnvoll sein, da wir ein so großes Stück Land nicht länger brauchen. Früher bedeckte mein Volk dieses Land wie eine vom Wind getriebene Woge den muschelbesäten Strand. Aber diese Zeit ist vorbei und die Größe und Macht der Stämme heute fast schon vergessen.

Aber ich will nicht das Dahinschwinden meines Volkes beklagen. Noch will ich unseren weißen Brüdern die Schuld daran geben. Vielleicht haben auch wir ein wenig Schuld. Wenn unsere jungen Männer über beabsichtigte oder scheinbare Kränkungen in Zorn geraten, machen sie sich die Gesichter mit schwarzer Farbe häßlich. Dann sind auch ihre Herzen häßlich und schwarz. Sie sind hart, und ihre Grausamkeit kennt keine Grenzen. Und unsere alten Männer können sie nicht hindern.

Hoffen wir, daß die Kriege zwischen dem roten Mann und seinem weißen Bruder für immer zu Ende sind. Wir haben alles zu verlieren und nichts zu gewinnen. Junge Männer halten Rache für Gewinn, selbst wenn sie ihr eigenes Leben verlieren. Aber die alten Männer, die im Krieg zu Hause bleiben, Mütter, die ihre Söhne zu verlieren haben – sie wissen es besser.

Unser großer Vater in Washington – denn er muß nun unser Vater sein, wie er euer Vater ist, seit George[3] seine Grenze nach Norden geschoben

---

3 Die Indianer glaubten, König Georg III. sei noch auf dem englischen Thron, vielleicht deshalb, weil die Hudson Bay-Händler sich ihnen gegenüber als ›König Georgs Männer‹ bezeichneten. Auf jeden Fall wurde dieser Irrtum von der Hudson Bay Company

hat⁴ –, unser großer und guter Vater sendet uns Nachricht durch seinen Sohn, der zweifellos ein großer Häuptling seines Volkes ist, daß er uns beschützen wird, wenn wir tun, was er möchte. Seine tapferen Soldaten werden ein starker Wall für mein Volk sein, und seine großen Kriegsschiffe werden unsere Häfen füllen. Dann können unsere alten Feinde im Norden – die Haidas und Tsimshians⁵ – nicht länger unsere Frauen und alten Männer ängstigen. Dann wird er unser Vater sein und wir seine Kinder.

Aber kann das jemals sein? Euer Gott liebt euer Volk und haßt das meine. Er legt seinen starken Arm um den weißen Mann und führt ihn bei der Hand, wie ein Vater seinen Sohn führt. Er hat seine roten Kinder verlassen. Er macht euer Volk stärker – Tag um Tag. Bald werdet ihr das Land überfluten. Mein Volk aber schwindet mit der Ebbe dahin, wir kehren nie mehr zurück. Nein, der Gott des weißen Mannes liebt seine roten Kinder nicht, sonst würde er sie in seinen Schutz nehmen. Jetzt sind wir Waisen. Und niemand ist da, der uns hilft.

Wie können wir da Brüder sein? Wie kann euer Vater unser Vater sein und für uns sorgen und uns Träume von einer großen Zukunft schicken? Euer Gott hat seine Wahl getroffen. Er kam zum weißen Mann. Wir haben ihn nie gesehen, nicht einmal

---

    kräftig unterstützt, in der Annahme, daß die Indianer die Untertanen einer Königin (Victoria) niemals respektieren würden.
4 Ein Hinweis auf den ›Oregon-Kompromiß‹ von 1846, der die Grenzen zwischen den USA und British Columbia neu festlegte.
5 Die Haida-Indianer lebten auf der Queen-Charlotte-Insel (British Columbia) und auf dem südlichen Teil der Prince-of-Wales-Insel (Alaska). Die Tsimshians lebten auf den benachbarten Inseln und auf dem Küstenstreifen.

seine Stimme gehört. Er gab uns des weißen Mannes Gesetze, nie aber hatte er ein Wort für seine roten Kinder übrig, deren Scharen einst dieses Land erfüllten wie Sterne den Himmel.

Nein, wir sind zwei getrennte Rassen, und getrennt müssen wir bleiben. Es gibt nicht viel, was uns verbindet.

Uns ist die Asche unserer Väter heilig. Ihre Gräber sind heilige Erde. Ihr aber seid Wanderer, ihr laßt die Gräber eurer Väter hinter euch zurück und kümmert euch nicht darum.

Eure Religion wurde auf steinerne Tafeln geschrieben mit dem eisernen Finger eines zornigen Gottes, damit ihr sie nicht vergeßt. Das kann der rote Mann nicht verstehen und nicht im Gedächtnis bewahren. Unsere Religion, das sind die Lebensformen unserer Väter, die Träume unserer alten Männer, die ihnen der Große Geist schickt, die Visionen unserer Häuptlinge. Und das ist in das Herz meines Volkes geschrieben.

Eure Toten vergessen euch und das Land ihrer Geburt, sobald sie jenseits des Grabes unter den Sternen wandeln. Schnell vergessen, kehren sie nie wieder zurück. Unsere Toten vergessen niemals diese schöne Erde. Sie ist ihre Mutter. Sie lieben sie immer neu, und sie erinnern sich an ihre Flüsse, ihre großen Gebirge, ihre Täler. Sie sehnen sich nach den Lebenden, die einsam sind wie sie und die sich nach dem Tode sehnen. Und ihre Geister kehren oft zurück, um uns zu besuchen und uns zu trösten.

Nein, Tag und Nacht können nicht miteinander leben.

Der rote Mann zog sich stets vor dem eindringen-

den Weißen zurück, wie der Dunst in den Bergen vor der Morgensonne weicht.

Darum scheint euer Angebot gerecht, und ich glaube, mein Volk wird es annehmen und in das angebotene Reservat gehen. Wir werden abseits leben – und in Frieden. Denn die Worte des großen weißen Häuptlings sind wie die Worte der Natur, wenn sie zu meinem Volk aus dem großen Dunkel spricht – einem Dunkel, das uns umhüllt wie der Nebel der Nacht, der vom Meer her ins Land zieht.

Es ist gleich, wo wir den Rest unserer Tage verbringen. Es sind nicht mehr viele. Die Nacht der Indianer wird dunkel sein. Keine Sterne erhellen ihren Horizont. Der Wind ist traurig. Das Schicksal jagt den roten Mann, bis er nicht mehr kann. Wohin er auch geht, überall hört er den nahenden Schritt seines Jägers, und er macht sich zum Sterben bereit wie das waidwunde Reh, das den Schritt seines Jägers hört.

Nur ein paar Monde noch, nur ein paar Winter, und kein Kind der großen Stämme, die einst unter diesem endlosen Himmel lebten und die jetzt in kleinen Gruppen durch die Wälder streifen, wird mehr übrig sein, um an den Gräbern eines Volkes zu trauern, das einst genauso stark und genauso voll Hoffnung war wie das eure.

Aber warum soll ich das Dahinschwinden meines Volkes beklagen? Völker bestehen aus Menschen, nichts anderem. Menschen kommen und gehen wie die Wogen der See. Eine Träne, ein Gebet zum Großen Geist, ein Grabgesang, und sie sind unserm sehnsuchtsvollen Blick für immer entschwunden. Selbst der weiße Mann, dessen Gott mit ihm wandelt und spricht wie der Freund zum Freund, kann dem *alle einenden Schicksal nicht entgehen. Es kann sein, daß wir trotz allem Brüder sind. Wir werden es sehen. Wir werden euer Angebot bedenken. Wenn die Entscheidung gefallen ist, geben wir euch Nachricht. Sollten wir zustimmen, stelle ich hier und jetzt die Bedingung: Niemals, zu keiner Zeit, darf uns das Recht verweigert werden, die Gräber unserer Väter und Freunde zu besuchen.*

Jeder Teil dieser Erde ist meinem Volk heilig. Jeder Hügel, jedes Tal, jede Lichtung und jeder Wald ist heilig im Gedächtnis und im Herzen meines Volkes. Selbst die stummen Steine am Strand bringen Erinnerungen und Ereignisse im Leben meines Volkes für mein Volk zum Klingen. Die Erde unter unseren Füßen antwortet liebevoller auf unsern Schritt als auf euren. Sie besteht aus der Asche unserer Väter. Unsere nackten Füße spüren Verwandtschaft. Die Erde lebt und ist kostbar durch unsere Vorfahren.

Die jungen Männer, die Mütter und Mädchen, die kleinen Kinder, die hier einst lebten und glücklich waren, lieben noch immer diese einsamen Plätze. Und abends sind die Wälder dunkel durch die Gegenwart der Toten. Wenn der letzte rote Mann von dieser Erde verschwunden ist und die Erinnerung an ihn nur noch eine Legende der Weißen, dann werden diese Strände noch immer von den unsichtbaren Toten meines Volkes belebt sein. Und wenn die Kinder eurer Kinder glauben, sie seien allein in den Feldern, den Wäldern, den Geschäften, den Straßen oder in der Stille des Waldes, so sind sie nicht allein. Es gibt keinen Platz in diesem Land, wo ein Mann allein sein kann. Nachts, wenn die Straßen eurer Dörfer und Städte verstummt sind und ihr meint, sie seien leer, werden sich dort die Geister unserer Ahnen drängen, die früher diese Plätze belebten und liebten. Nie wird der weiße Mann allein sein.

Darum soll er gerecht sein und meinem Volk sein Recht lassen. Auch die Toten haben Macht.

MEDIZINMANN SMOHALLA

Smohalla war ein Wanapum-Schamane vom Columbia River und einer der bedeutendsten religiösen Führer der nordamerikanischen Indianer. Sein Einfluß als Stifter und Wegbereiter des Träumerkultes erstreckte sich über den gesamten Nordwesten der Vereinigten Staaten und trug entscheidend zum tragischen Nez-Percé-Krieg Ende der siebziger Jahre des 19. Jahrhunderts bei. Später war Smohalla einer der führenden Männer der Geistertanz-Bewegung. Im wesentlichen war der Träumerkult eine konservative Reaktion der Indianer auf den Einbruch der anglo-amerikanischen Zivilisation und eine Erneuerung und Bekräftigung des tiefverwurzelten Glaubens der Indianer des Nordwestens. Der Kern dieser Religion basierte auf dem Kult der Erdmutter. Die Heiligkeit und der Kult der Erdmutter wurden durch die Ausbeutung und Verwüstung der Natur durch den weißen Mann bedroht, der hartnäckig das Ziel verfolgte, den Indianer von der Jagd abzubringen, um ihm den Ackerbau aufzuzwingen. Das wichtigste Ritual dieses Kultes bildeten die Nacht-Tänze der ›Träumer‹ – Tänze, die dazu bestimmt waren, das aus den Wäldern verschwundene Wild und die alten Lebensformen zurückzurufen und die Kultur der Weißen vom Gesicht der Erde zu fegen. Smohallas Redegabe und Geschicklichkeit, ein zäher, erfolgreicher Kampf um den Widerstand, machten ihn zu der legendärsten Gestalt unter den Indianern und auch bei den Weißen.

Im Gegensatz zu Seattles Rede ist der Text von Smohalla – wie auch einige der folgenden Reden – nur leicht überarbeitet worden.

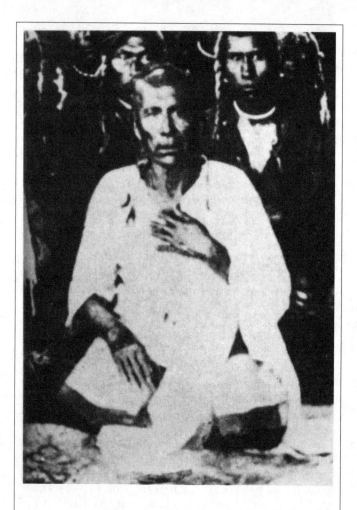

MEDIZINMANN SMOHALLA

Die Fotografie zeigt Smohalla während einer Zeremonie des Träumerkultes. Möglicherweise erklärt seine unverhohlene Abneigung gegen die Weißen und ihre Kultur, warum keine weiteren Bilder von ihm existieren.

Weisheit
kommt aus Träumen

Jene, die das Land zerhacken oder Kaufverträge für Land unterzeichnen, werden ihrer Rechte beraubt werden und Gottes Zorn spüren... Es sind schlechte Worte, die aus Washington kommen. Es ist kein gutes Gesetz, das mein Volk von mir abwendet und es zwingt, gegen die Gesetze Gottes zu verstoßen.

Meine jungen Männer werden niemals arbeiten. Menschen, die arbeiten, können nicht träumen, und Weisheit kommt aus Träumen. Ihr verlangt, daß ich die Erde pflügen soll. Soll ich ein Messer nehmen und die Brust meiner Mutter zerfleischen? Wenn ich dann sterbe, wird sie mich nicht an ihre Brust nehmen, damit ich ruhen kann.

Ihr verlangt, daß ich nach Steinen graben soll. Soll ich unter der Haut meiner Mutter nach Knochen graben? Wenn ich dann sterbe, kann ich nicht in ihren Leib eindringen, um neu geboren zu werden.

Ihr verlangt, daß ich Gras mähen und Heu machen soll, um es zu verkaufen, um reich zu werden wie der weiße Mann. Aber wie kann ich es wagen, meiner Mutter das Haar abzuschneiden?

Es ist ein schlechtes Gesetz, und mein Volk kann es nicht befolgen. Ich wünsche, daß mein Volk hier mit mir bleibt. Alle Toten werden wieder erwachen. Ihre Geister werden ins Leben zurückkehren. Darum *müssen wir hier, im Land unserer Väter, warten und bereit sein, sie im Schoß unserer Mutter zu treffen.*

In den neunziger Jahren wurde Smohalla bei sich zu Hause in Priest Rapids am Columbia River von E. H. Huggins besucht. Sein Bericht über die Begegnung mit Smohalla enthält folgenden bemerkenswerten Dialog:

HUGGINS: *Das Land füllt sich mehr und mehr mit Weißen und ihren Herden. Fast alles Wild ist verschwunden. Würde es da nicht für eure jungen Männer besser sein, die Arbeit des weißen Mannes zu erlernen?*
SMOHALLA: *Meine jungen Männer werden niemals arbeiten. Menschen, die arbeiten, können nicht träumen, und Weisheit kommt aus Träumen.*
HUGGINS: *Aber eure jungen Männer müssen zur Zeit des Fischfangs doch auch hart arbeiten, um Vorräte für den Winter zu sammeln.*
SMOHALLA: *Diese Arbeit dauert nur ein paar Wochen. Außerdem ist es eine natürliche Arbeit. Sie schadet ihnen nicht. Die Arbeit des weißen Mannes dagegen verhärtet Seele und Leib. Und es ist nicht recht, die Erde zu zerhacken, wie es der weiße Mann tut.*
HUGGINS: *Aber ihr grabt doch auch nach Wurzeln. Sogar jetzt graben deine Leute nach Camaswurzeln in den Bergen.*
SMOHALLA: *Wir nehmen nur die Gaben, die uns freiwillig geschenkt werden. Wir verletzen die Erde nicht mehr, als der Finger des Säuglings die Brust seiner Mutter verletzt.*
Der weiße Mann aber reißt riesige Flächen des Bo-

dens auf, zieht tiefe Gräben, holzt Wälder ab und verändert das ganze Gesicht der Erde. Ihr wißt sehr gut, daß das nicht recht ist. Jeder aufrichtige Mann weiß in seinem Herzen, daß das gegen die Gesetze des Großen Geistes verstößt. Aber die Weißen sind so habgierig, daß sie sich darüber keine Gedanken machen.

HUGGINS: *Du sagst, Weisheit kommt aus Träumen, und alle, die arbeiten, können nicht träumen. Aber der weiße Mann, der arbeitet, kennt viele Dinge und kann viele Dinge machen, die dem Indianer unbekannt sind.*

SMOHALLA: *Seine Weisheit kommt aus seinem Kopf und aus seinen eigenen Gedanken. Solche Weisheit ist armselig und schwach.*

HUGGINS: *Was ist die Weisheit, von der du sprichst, und die aus Träumen kommt?*

SMOHALLA: *Jeder muß die wahre Weisheit selber erfahren. Sie kann nicht mit Worten gelehrt werden, sie kann nicht mit Worten erfaßt werden.*

HUGGINS: *Dann kann sie nur in Träumen erfahren werden?*

SMOHALLA: *Vieles kann auch gelernt werden, indem man singt und tanzt mit dem Träumer während der Nacht. Du hast die Weisheit deines Volkes, weißer Mann. Sei damit zufrieden.*

Häuptling Owhi

Owhi, ein Yakima-Häuptling, war einer der Indianerführer, die 1855 mit Gouverneur Stevens zusammenkamen, um den entscheidenden Vertrag von Walla Walla abzuschließen. Er war zwar Christ, doch bewirkten der Gayuse-Krieg in den frühen fünfziger Jahren des 19. Jahrhunderts, der endlose Strom der Einwanderer und das unchristliche Verhalten der vordringenden Weißen, daß sein junger Glaube stark erschüttert wurde. Aber er verbindet eine bemerkenswert tiefe Religiosität – christlich im Ton, biblisch im Echo, heidnisch in seiner Ehrfurcht vor der Erde und der alten Erdmutter des Nordwestens – mit überragendem politischen Scharfsinn und außergewöhnlicher Sprachkraft. Seine Antwort auf Gouverneur Stevens' Forderung zur Übergabe des Yakimalandes an die Weißen ist eine der bewegendsten und treffendsten Reden eines Häuptlings auf die Gier und die Heuchelei der Evangelium-salbadernden Eindringlinge.

Der Große Geist war vor der Erde

*I*ch habe heute nichts über dieses Land zu sagen. Gott gab uns Tag und Nacht, die Nacht zum Ruhen und den Tag zum Sehen. Und das wird sein, solange die Erde besteht. Er gab uns den Morgen mit unserem Atem. Und so sorgt er für uns auf dieser Erde. Und so haben wir uns hier unter seinem Schutz versammelt.

War die Erde vor dem Tag oder der Tag vor der Erde? Der Große Geist war vor der Erde. Die Himmel waren klar und gut, und alle Dinge im Himmel waren gut. Gott blickte in die eine Richtung, dann in die andere, und er nannte uns das Land, für das wir sorgen sollten. Und Gott erschuf das andere. Wir haben das andere nicht erschaffen. Er schuf es für die Ewigkeit.

Ist das andere die Erde, welches unsere Mutter ist, oder ist es Gott, der unser älterer Bruder ist? Daraus ergibt sich für den Indianer die Frage: Woher stammen die Worte, die ihr Weißen an uns gerichtet habt? Gott erschuf die Erde, die Erde aber hört ihm zu, um zu erfahren, wie er entscheidet. Der Große Geist erschuf uns und gab uns Atem.

Wir sprechen miteinander, und Gott hört alles, was wir heute sagen. Der Große Geist blickt heute auf seine Kinder herab, als ob wir eins wären. Er wird einen Leib aus uns machen. Wir Indianer hier haben deine Worte gehört, als kämen sie von Gott.

Gott aber sprach, daß dieses Land unser sei. Darum fürchte ich mich, etwas über dieses Land zu sagen. Ich fürchte mich vor den Gesetzen des Großen Geistes. Darum fürchte ich mich, über dieses Land zu sprechen. Ich fürchte mich vor dem Großen Geist. Darum trauert mein Herz. Darum kann ich dir keine Antwort geben. Ich fürchte mich vor dem Großen Geist.

Soll ich dieses Land stehlen und es verkaufen? Oder was soll ich tun? Darum ist mein Herz so traurig.

Meine Freunde, Gott hat unsere Leiber aus Erde gemacht, als ob sie anders wären als die der Weißen. Was soll ich tun? Soll ich das Land aufgeben, das ein Teil meines Körpers ist, und mich arm und hilflos machen? Soll ich sagen, ich gebe dir mein Land? Ich kann es nicht sagen. Ich fürchte mich vor dem Großen Geist.

Meine Liebe zum Leben ist der Grund, warum ich mein Land nicht weggebe. Ich habe Angst, in die Hölle geschickt zu werden. Ich liebe meine Freunde. Ich liebe mein Leben. Das ist der Grund, warum ich mein Land nicht weggebe.

HÄUPTLING RED JACKET

1805 ersuchte Reverend Cram, ein Missionar aus Boston, die führenden Häuptlinge der Irokesen um eine Unterredung. Das Treffen fand in Buffalo Creek im Staate New York statt. Die drei Hauptredner waren Rev. Cram von der Evangelischen Missionsgesellschaft Massachusetts, der Beauftragte für Indianer-Angelegenheiten der Vereinigten Staaten und ein Häuptling des Seneca-Stammes, bekannt unter dem Namen Red Jacket (Sa-go-ye-wat-ha).

HÄUPTLING RED JACKET

Der Irokesen-Häuptling Red Jacket war kein legendärer Krieger, seine Waffe war wohl eher die Beredsamkeit als das Gewehr. Aus diesem Grund trat er auch als Sprecher seines Volkes auf. Red Jacket starb im Alter von ungefähr 74 Jahren am 20. Januar 1830.

Ihr wollt uns eure Religion aufzwingen

DER BEAUFTRAGTE FÜR INDIANER-ANGELEGENHEITEN
Brüder der sechs Volksstämme: Ich freue mich, euch heute hier zu treffen, und ich danke dem Großen Geist, daß er euch Gesundheit geschenkt hat und mir eine weitere Gelegenheit, euch die Hand zu geben.

Brüder: Der Mann, der neben mir sitzt, ist ein Freund, der von weither gekommen ist, um mit euch zu reden. Er wird euch etwas über seine Aufgabe erzählen, und ich bitte euch, aufmerksam zuzuhören.

REVEREND CRAM
Meine Freunde: Ich bin dankbar für die Gelegenheit, die uns heute miteinander vereint. Es war mein großer Wunsch, euch zu sehen und mich nach eurem Wohlergehen zu erkundigen. Zu diesem Zweck habe ich im Auftrag eurer alten Freunde, der Bostoner Missionsgesellschaft, eine weite Reise auf mich genommen. Wie ihr euch erinnert, haben sie bereits früher Missionare zu euch gesandt, um euch in Religion zu unterrichten und für euer Wohl zu arbeiten. Obwohl sie lange nichts von euch gehört haben, haben sie ihre Brüder, die sechs Volksstämme, nicht vergessen, und sie sind weiterhin um euer Wohl bemüht.

Brüder: Ich bin nicht wegen eures Landes oder eures Geldes gekommen, sondern um euren Ver-

stand zu erleuchten und euch die wahre Verehrung des Großen Geistes zu lehren, so wie es seinem Willen entspricht, und euch das Evangelium seines Sohnes Jesus Christus zu predigen. Es gibt nur eine Religion und nur einen Weg, um Gott zu dienen. Und wenn ihr nicht den rechten Weg findet, könnt ihr im künftigen Leben nicht glücklich werden. Ihr habt bisher niemals den Großen Geist so verehrt, wie es ihm genehm ist, sondern euer ganzes bisheriges Leben in Dunkelheit und großen Irrtümern verbracht. Meine Aufgabe ist es, euch die Augen zu öffnen, damit ihr eure Irrtümer klarer seht.

Brüder: Ich möchte mit euch sprechen wie ein Freund unter Freunden. Falls ihr irgend etwas dagegen habt, die Religion, die ich predige, zu empfangen, sagt es frei heraus. Ich werde mich bemühen, eure Einwände und Zweifel zu zerstreuen und euren Verstand zu erleuchten.

Brüder: Ich möchte, daß ihr frei nach eurem Verstand sprecht. Denn ich habe vor, diese wichtige Angelegenheit mit euch gemeinsam zu durchdenken und, falls notwendig, alle Zweifel auszumerzen, die in euren Köpfen sein könnten. Dieses Thema ist ausgesprochen wichtig, darum ist es unabdingbar, daß ihr euch früh genug damit befaßt, solange ihr die Möglichkeit dazu habt. Eure Freunde von der Bostoner Missionsgesellschaft werden euch weiterhin gute und freundliche Helfer schicken, um euch in Religion zu unterweisen und zu festigen, sofern ihr diese willig von ihnen annehmen werdet.

Brüder: Seitdem ich in diesem Teil des Landes bin, habe ich einige eurer kleinen Dörfer besucht und mit euren Leuten gesprochen. Es scheint, als würden sie diesen Unterricht gerne annehmen. Nur möchten sie, da sie auf euch, ihre älteren Brüder im Rat, schauen, zunächst eure Meinung darüber wissen. Ihr habt jetzt gehört, was ich zur Zeit vorzuschlagen habe. Ich hoffe, ihr werdet dieses gut abwägen und mir eine Antwort geben, bevor wir uns trennen.

Die Indianer berieten sich etwa zwei Stunden. Dann erhob sich Red Jacket und wandte sich an die Versammelten.

RED JACKET
Freunde und Bruder: Es geschieht nach dem Willen des Großen Geistes, daß wir uns an diesem Tag versammeln. Er herrscht über alle Dinge, und er hat uns einen schönen Tag für unsere Versammlung geschenkt. Er hat seinen Mantel von der Sonne genommen und läßt sie hell auf uns leuchten. Unsere Augen sind weit geöffnet, so daß wir die Dinge klar vor uns sehen. Unsere Ohren sind unverschlossen, so daß wir deutlich die Worte hörten, die du gesprochen hast. Für diese Gunst danken wir dem Großen Geist, ihm allein.

Bruder: Du warst es, der dieses Versammlungsfeuer angezündet hat. Auf deine Bitte hin haben wir uns hier versammelt. Wir haben aufmerksam auf das gehört, was du erzählt hast. Du hast uns gebeten, nach unserem Verstand zu antworten. Das freut uns besonders, denn nun glauben wir, daß wir aufrichtig vor dir stehen und sagen können, was wir denken. Wir alle haben deine Stimme gehört, und wir alle sprechen jetzt zu dir wie ein Mann. Wir sind einer Meinung.

Bruder: Du sagst, du möchtest eine Antwort auf

deine Rede haben, bevor du diesen Ort verläßt. Es ist richtig, daß du eine bekommst, denn bis zu dir nach Hause ist es ein weiter Weg, und wir wollen dich nicht aufhalten. Doch zunächst wollen wir ein wenig zurückschauen und dir erzählen, was unsere Väter uns erzählt und was wir vom weißen Mann gehört haben.

Bruder: Hör genau zu, was wir sagen. Vor langer Zeit, da gehörte unseren Vorfahren diese große Insel.[1] Ihr Land erstreckte sich von Sonnenaufgang zu Sonnenuntergang. Der Große Geist hat dieses Land zum Nutzen der Indianer geschaffen. Er erschuf den Büffel, er erschuf den Biber, er erschuf die übrigen Tiere zu unserer Nahrung. Er erschuf den Bären und den Biber. Er ließ ihnen Felle wachsen für uns zum Anziehen. Er verstreute die Tiere über das Land und lehrte uns, sie zu jagen. Er zwang die Erde, Mais hervorzubringen, damit wir etwas zu essen hätten. All diese Dinge tat er für seine roten Kinder, weil er sie liebte. Wenn wir uns über die Jagdgründe stritten, regelten wir unseren Streit, ohne übermäßig zu töten.

Doch dann brach ein böser Tag über uns herein. Eure Vorväter überquerten das große Wasser und landeten auf dieser Insel. Sie waren wenige. Sie fanden hier Freunde, keine Feinde. Sie erzählten uns, sie hätten ihr eigenes Land aus Furcht vor bösen Menschen verlassen, und sie kämen hierher, um sich an ihrer Religion zu erfreuen. Sie fragten nach einem kleinen Stück Land, um darauf zu leben. Wir hatten Mitleid mit ihnen und schenkten es ihnen. Und sie bauten

---

[1] Die Indianer hielten den amerikanischen Kontinent für eine große Insel.

ihre Häuser bei uns. Wir gaben ihnen Mais und Fleisch, sie gaben uns dafür Gift.[2]

Die weißen Männer, Bruder, hatten nun unser Land entdeckt. Die Neuigkeit wurde weitergegeben, und andere weiße Männer kamen zu uns. Doch wir fürchteten uns nicht vor ihnen. Wir dachten, sie wären Freunde. Sie nannten uns Brüder. Und wir glaubten ihnen und schenkten ihnen weiteres Land. Aber sie wurden immer mehr. Sie wollten mehr Land, sie wollten unser Land. Unsere Augen wurden klar, und unser Verstand verdüsterte sich.

Dann gab es Kriege. Indianer wurden bestochen, um gegen Indianer zu kämpfen, und viele unserer Leute wurden getötet. Außerdem verteilten sie Feuerwasser unter uns. Es war stark und mächtig und hat Tausende getötet.

Bruder: Unser Land war einmal groß; eures war klein. Ihr seid jetzt ein großes Volk, und wir haben kaum Platz zum Ausbreiten einer Decke. Ihr habt uns unser Land weggenommen, aber das reicht euch nicht. Ihr wollt uns eure Religion aufzwingen.

Bruder: Hör noch ein wenig zu. Du sagst, du seiest gekommen, um uns zu lehren, wie man den Großen Geist verehrt, so, wie er es möchte. Und falls uns die Religion des weißen Mannes nicht genehm ist, würden wir in alle Ewigkeit verdammt sein. Du sagst, daß du recht hast und wir auf dem falschen Weg sind. Woher weißt du, daß das wahr ist? Wir hören, daß eure Religion in ein Buch geschrieben ist. Wenn sie für uns genauso bestimmt wäre wie für euch, warum ließ uns dann der Große Geist nicht wissen, daß es

---

[2] Gemeint ist Rum.

dieses Buch gibt? Warum können wir es nicht verstehen? Warum wußten unsere Großväter nichts davon? Wir wissen darüber nur das, was du uns erzählst. Wie sollen wir dir glauben, wo uns weiße Männer so oft betrügen?

Bruder: Du sagst, es gebe nur einen Weg, den Großen Geist zu verehren und ihm zu dienen. Wenn es nur eine Religion gibt, warum seid ihr weißen Männer dann so uneinig darüber? Warum ist sich euer Verstand darüber nicht im klaren, wo ihr doch alle dieses Buch lesen könnt?

Bruder: Das verstehen wir nicht.

Es wurde uns erzählt, daß eure Religion euren Vorvätern gegeben und vom Vater zum Sohn weitergereicht wurde. Wir haben ebenfalls unsere Religion, die unseren Vorvätern gegeben und an uns, ihre Kinder, weitergereicht wurde. Wir ehren den Großen Geist auf unsere Weise. Wir sind für alle guten Dinge, die wir erhalten, dankbar, wir lieben einander, und wir sind uns einig. Niemals zanken wir uns über Religion.

Der Große Geist hat uns alle geschaffen, mit einem großen Unterschied zwischen seinen roten und weißen Kindern. Er gab uns eine andere Haut und auch andere Gewohnheiten. Er schenkte euch die Künste der Erkenntnis, aber unsere Augen hat er dafür nicht geöffnet. Wir wissen jedoch, daß diese Dinge wahr sind. Da er so große Unterschiede zwischen uns gemacht hat, warum sollte er uns nicht auch eine andere Religion nach unserer Art schenken? Alles, was der Große Geist tut, hat Sinn. Er weiß, was das beste für seine Kinder ist. Wir sind damit zufrieden.

Bruder: Es wurde uns erzählt, daß du hier den weißen Männern Predigten gehalten hast. Diese weißen Männer sind unsere Nachbarn. Wir kennen sie. Wir werden ein wenig abwarten und sehen, welche Wirkung dein Predigen auf sie hat. Wenn wir feststellen, daß sie besser werden, daß sie ehrlich werden und es sie von ihrer schlechten Sitte, Indianer zu betrügen, heilt, werden wir deinen Vorschlag überdenken.

Bruder: Nun hast du unsere Antwort auf deine Rede gehört. Das ist alles, was wir dir zur Zeit vorzuschlagen haben.

Da wir jetzt auseinandergehen, werden wir zu dir kommen und dir die Hand geben. Wir hoffen, daß dich der Große Geist auf deiner Reise beschützen und dich sicher zu deinen Freunden zurückbringen wird.

Am Ende seiner Rede erhob sich Red Jacket und ging dem Missionar mit freundschaftlich ausgestreckter Hand entgegen. Doch Mr. Cram stand hastig auf und erwiderte, daß er den Indianern seine Hand verweigern müsse, weil »keine Freundschaft zwischen der Religion Gottes und der des Teufels« sein könne.[3]

---

3 Quellen: Indian Speeches; delivered by Farmer's Brother and Red Jacket, Two Seneca Chiefs, New York 1809, S. 4–8.
William C. Stone, The Life and Times of Sa-go-ye-wat-ha or Red Jacket, Albany 1866, S. 272–276.

HÄUPTLING SITTING BULL

Von der folgenden Rede heißt es, sie sei 1866, kurz vor dem Fetterman-Massaker bei Fort Phil Kearny, von Sitting Bull vor einer reinen Indianerversammlung am Powder River gehalten worden. Die einzige Quelle bildet die Aufzeichnung von Dr. Charles Eastman (Hakadah), einem reinblütigen Sioux, der bei der Pin Ridge Agency in der Zeit des Massakers von Wounded Knee tätig war.[1] Obwohl Eastmans Genauigkeit und Glaubwürdigkeit bezweifelt worden sind (seine Erinnerungen sind oft auffällig verworren), gibt es keinen stichhaltigen Grund, die Authentizität der Aussage in diesem Text zu bezweifeln oder gar Sitting Bull überhaupt absprechen zu wollen.

---

1 Charles A. Eastman, Indian Heroes and Great Chieftains, Boston 1918.

HÄUPTLING SITTING BULL

Der Sioux-Häuptling Sitting Bull (1831–1890) war, nachdem er 1876 die Kavallerie von Lieutenant Colonel Custer am Little Bighorn River vernichtend geschlagen hatte, der berühmteste aller Indianerhäuptlinge. Diese Aufnahme entstand in den achtziger Jahren des 19. Jahrhunderts.

Sie behaupten, unsere Mutter, die Erde, gehöre ihnen

Seht, Brüder, der Frühling ist da. Die Sonne hat die Erde umarmt. Bald werden wir die Kinder dieser Liebe sehen.

Jeder Same, jedes Tier ist erwacht. Dieselbe große Kraft hat auch uns geboren. Darum gewähren wir auch unseren Mitmenschen und unseren Freunden, den Tieren, die gleichen Rechte wie uns, auf dieser Erde zu leben.

Aber hört, Brüder. Jetzt haben wir es mit einer anderen Art zu tun. Sie waren wenige und schwach, als unsere Großväter die ersten von ihnen trafen; jetzt aber sind sie viele, und sie sind stark und überheblich.

Es ist kaum zu glauben, sie wollen die Erde umpflügen. Habgier ist ihre Krankheit. Sie haben viele Gesetze gemacht, und die Reichen dürfen sie brechen, die Armen aber nicht. Sie nehmen das Geld der Armen und Schwachen, um die Reichen und Starken damit zu stützen. Sie sagen, unsere Mutter, die Erde, gehöre ihnen; und sie zäunen uns, ihre Nachbarn, von unserer Mutter ab. Sie beschmutzen unsere Mutter mit ihren Gebäuden und ihrem Abfall. Sie zwingen unsere Mutter, zur Unzeit zu gebären. Und wenn sie keine Frucht mehr trägt, geben sie ihr Medizin, auf daß sie aufs neue gebären soll. Was sie tun, ist nicht heilig.

Sie sind wie ein Fluß zur Zeit des Hochwassers. Im Frühling tritt er über die Ufer und zerstört alles auf seinem Weg.

Wir können nicht Seite an Seite leben. Vor sieben Jahren haben wir mit dem weißen Mann einen Vertrag geschlossen. Er versprach uns, daß das Land des Büffels für immer unser sei. Nun droht er, uns auch das zu nehmen. Sollen wir es geben, Brüder? Oder sollen wir sagen: »Bevor du mein Land nimmst, mußt du mich töten!«

Gebet einer Indianerfrau

Im Anschluß an Sitting Bulls vernichtende Niederlage waren die Sioux vollkommen der Gnade der Weißen ausgeliefert. Das folgende Gebet einer Siouxfrau wurde direkt nach Sitting Bulls endgültiger Kapitulation niedergeschrieben und übersetzt.[1]

Seid tapfer, meine Freunde, seid tapfer.
Die weißen Männer haben uns zu essen gebracht.
Sie werden uns nicht weh tun.
Ihre Herzen sind voll von Mitleid für uns.
Mein Vater, meine Mutter, habt keine Angst.
Euer Hunger ist wieder einmal gestillt,
und es gibt noch genug zu essen.
Mein Bruder, meine Schwester, kämmt euer Haar
und färbt eure Gesichter rot.
Denn der Große Geist hat die Herzen
unserer Feinde besänftigt,
sie geben uns zu essen.

---

[1] Judson Elliott Walker, Campaigns of General Custer in the North-West, and the Final Surrender of Sitting Bull, New York 1881, S. 95.

HÄUPTLING CAPTAIN JACK

Der Modoc-Krieg (1872/73) war zweifellos der schäbigste, brutalste, dümmste und beschämendste Indianerkrieg, der je geführt wurde – für die Modocs mit verheerenden Folgen, für die Sieger entehrend. Die Regierung vergeudete Millionen Dollar und opferte Hunderte von Menschenleben, um eine Handvoll Indianer, die um ihr angestammtes Land kämpften, aus einer der trostlosesten Gegenden des amerikanischen Kontinents – die kahlen Vulkanlandschaften im nordöstlichen Kalifornien – zu vertreiben. Der Krieg selbst ist ein trauriges Kapitel der amerikanischen Geschichte: Greueltaten provozierten erbarmungslose Rache, falschverstandene Vorstellungen von nationaler Ehre, Verrat, Massenmord und Meuchelmord an den weißen Unterhändlern durch die verzweifelten Modocs. Während des Krieges wurde der Modoc-Häuptling Captain Jack von seinen eigenen Männern gezwungen, an der Ermordung der Unterhändler teilzunehmen – eine Tat, die er aus ganzem Herzen verabscheute. Und am Ende des Krieges wurde er genau von jenen Männern an die Weißen ausgeliefert. Der Prozeß gegen Captain Jack und seine Unterhäuptlinge war eine zynische Parodie auf Gesetz und Recht, und das schändlichste daran war der Freispruch für die Hauptschuldigen und die offizielle Belobigung für ihren üblen Verrat an ihrem Häuptling.

Captain Jack machte vor dem Militärgericht eine schlechte Figur. Doch man muß ihm zugute halten, daß er demoralisiert war, entsetzt über die offensichtliche Ungerechtigkeit seiner Richter und über den heimtückischen Verrat seiner eigenen Leute, niedergeschmettert durch die Vernichtung seines Volkes und durch die Weigerung des Gerichts, ihm einen Anwalt zu geben. Seine letzte Rede war, wie das offizielle Protokoll zeigt, ein unglückliches Gemisch aus Flehen um Erbarmen, Selbstmitleid und Beschuldigungen gegen seine Verräter. Die Glaubwürdigkeit dieses Protokolls wird durch die detaillierte Aussage seines glühendsten Fürsprechers bestätigt – von Alfred Meacham, der beinahe selbst ein Opfer des Mordes an den Unterhändlern geworden wäre, und der später ein leidenschaftlicher Verteidiger der Indianer gegen das staatlich praktizierte Unrecht wurde.

Ich will damit sagen, daß die folgende Rede eine Rede ist, die nie gehalten wurde. Sie wurde von Jeff C. Riddle, dem Sohn zweier Augenzeugen des Geschehens, nach deren Berichten gestaltet und in einem Werk über den Modoc-Krieg veröffentlicht.[1] Aber die Rede, die Captain Jack von Riddle in den Mund gelegt wurde, ist bedeutsam und kraftvoll, eine leidenschaftlich empfundene Zusammenfassung allen Unrechts, das Captain Jack den Weißen immer wieder vorgehalten hat. Riddle muß davon überzeugt gewesen sein, daß Captain Jack, ein nachweislich redegewandter und mutiger Mann, diese Rede in einer anderen Situation in dieser Form hätte halten *können* und *müssen*. In der modernen Geschichtswis-

---

[1] The Indian History of the Modoc War, 1914.

senschaft ist es Brauch, solche Fiktionen einfach als Fälschung zu deklarieren und abzutun, da sie mit der Absicht erfunden worden seien, die Fakten zu verdunkeln. Aber wir sollten nicht vergessen, daß Poesie in einem gewissen Sinn ›philosophischer‹ als geschriebene Geschichte ist – und auch wahrer. Es war kein geringerer als Thukydides, er Begründer der wissenschaftlichen Historik, der in seiner Geschichte des Peloponnesischen Krieges Reden eingefügt hat, die, nach seinem eigenen Zeugnis, nicht das beinhalten, was tatsächlich gesagt wurde, sondern das, was die Charaktere und Situationen *verlangten:* das, was hätte gesagt werden *müssen,* wenn die Wahrheit, die *unter* den Tatsachen verborgen war, das Wesentliche gewesen wäre.

Thukydides' Melier-Dialog ist offensichtlich kein wortgetreuer, authentischer Bericht über die Verhandlungen zwischen Athenern und Meliern, sondern eine Rekonstruktion der wesentlichen Motive: das, was hätte gesagt werden *müssen,* hätten die Kontrahenten ihr Handeln und damit in gewissem Sinn das Handeln der Menschen überhaupt auszudrücken vermocht, und zwar als rein metaphysische Auseinandersetzung – klassische Archetypen von sich endlos wiederholenden Mustern menschlichen Verhaltens, wenn absolute und nackte Macht der absolut nackten Ohnmacht gegenübersteht. In diesem thukydideischen Sinn, der das Elend philosophisch verdeutlicht, muß Riddles Version von Captain Jacks letzter Rede betrachtet werden.

HÄUPTLING CAPTAIN JACK

Diese Fotografie des Modoc-Häuptlings Captain Jack entstand während seiner Inhaftierung. Er wurde im Oktober 1873 gehängt. Später schickte man seinen konservierten Leichnam in den Osten der USA, wo er während einer Tournee gegen ein Eintrittsgeld von zehn Cents gezeigt wurde.

Ich klage die Weißen als Massenmörder an

*I*n Ketten kann ich nicht sprechen.
Ich weiß, daß ich euch nicht beeindrucken kann. Meine Tage sind vorbei. Als ich ein Junge war, wollte ich gern ein Freund der Weißen sein. Und bis vor wenigen Monaten war ich ihr Freund.

Aber hört. Was hat mich verändert? Meine eigenen Männer. Einige dieser Männer sind heute hier. Sie sind frei, während ich Ketten trage. Ich habe nur noch kurze Zeit zu leben. Ihr Weißen habt mich nicht besiegt. Ich wurde durch meine eigenen Leute besiegt. Ich weiß es. Ich spüre es. Warum ich das sage? Einige meiner Männer schlugen vor, die Unterhändler zu töten. Dagegen wehrte ich mich mit aller Kraft. Ich flehte sie an, keine unbewaffneten Männer zu töten. Aber was taten sie? Sie schlugen mich zu Boden, zogen mir eine Frauenmütze über den Kopf und zeigten schreiend auf mich: »Altes Weib! Bleib liegen. Wir lassen dich bei unserem Anschlag daheim. Du brauchst keine Angst zu haben, daß dich ein Soldat erschießt. Wir werden ihm die Mühe ersparen!«

Was sollte ich tun? Mein Leben war in Gefahr. So oder so. Also entschied ich mich für den feigen Mord. Jeder weiß, was ich tat. Alles, was ich will, ist, daß meine Geschichte erzählt wird.

Ich habe keine Angst vor dem Tod. Aber es beschäme mich, mit auf dem Rücken gefesselten Händen zu sterben. ›Beschämt‹ ist nicht das richtige Wort. Ich dachte immer, ich würde in der Schlacht bei der Verteidigung meiner Rechte und meines Landes sterben – des Landes, das mir nicht von Menschen gegeben wurde.

Richter Roseborough und Squire Steele waren aufrichtige Männer. Sie gaben mir manchen guten Rat. Ich werde ihre Worte im Herzen bewahren, solange ich lebe.

Ich glaube nicht, daß ich auf ehrliche Weise besiegt wurde. Dieselben Männer, die mich gezwungen hatten, General Canby zu töten, haben sich ergeben und mich dann überrannt. Hätte ich das gewußt, hättet ihr mich heute nicht hier, mit Ketten an meinen Beinen und Lächeln auf euren Gesichtern. Ich wäre im Kampf gefallen. Aber meine eigenen Leute haben mich angelogen, um nicht von mir erschossen zu werden. Die Männer, von denen ich spreche, sind jetzt hier, freie Männer. Sie kämpften um ihre Freiheit, mit meinem Leben. Sie alle waren genauso schlecht wie ich, als ich den guten Mann Canby tötete.

Ich sehe ein, daß es jetzt für Reue zu spät ist. Aber ich halte es für meine Pflicht zu erklären, wie alles passierte, damit der Weiße Vater es besser versteht.

Darum werde ich es jetzt noch einmal erzählen, in der Hoffnung, daß der weiße Mann einige meiner Worte versteht.

Ich habe Canby getötet, aber ich fühle mich in meinem Herzen nicht schuldig. Warum habe ich das getan? Könnt ihr das verstehen? Man hat mich dazu gezwungen. Ich tat es, um für eine Zeitlang mein

Leben zu retten. Ich dachte, ich würde im Kampf fallen. Ihr habt mich von Tal zu Tal gehetzt, wie wir das verwundete Reh jagen. Zum Schluß habt ihr mich hier gestellt. Ich weiß, daß ich nur noch ein paar Tage leben werde. Ich glaube nicht, daß ich und diese Männer hier als einzige zum Tod verurteilt worden wären. Hätte ich einen Anwalt gehabt, als der Prozeß begann, würden dieselben Männer, die heute frei sind, jetzt wie wir in Ketten sein.

Aber meine Rede hat kein Gewicht. Warum? Ich bin ein Mörder. Jeder hier sagt es. Leugne ich das? Nein, ich leugne es nicht. Ich habe es getan, aber ich sage es noch mal: Ich mußte es tun. Heute sage ich es zum allerletzten Mal, ich schäme mich, wie ich sterben muß. Aber ich fürchte mich nicht. Was euer Weißer Vater sagt, ist gerecht. Ich muß sterben. So ist es. Ich habe nichts weiter zu sagen. Ich sehe es euch an, daß ihr müde seid und nicht mehr zuhören wollt. Ihr meint vielleicht, daß ich lüge. Aber, meine Freunde, ich spreche die Wahrheit.

Ich bin immer noch voll Sorge um die Sicherheit meiner kleinen Jungen und Mädchen. Ich hoffe, ihr Weißen werdet sie nicht meinetwegen ungerecht behandeln. Für das, was ich euch getan habe, können sie nichts. Sie sind das einzige, worum ich mir Sorgen mache – meine jungen Leute. Ich hoffe, der Weiße Vater in Washington wird ihnen eine gute Heimat geben und sie ins Leben führen. Wenn die Regierung sich um sie kümmert, werden sie der Regierung zeigen, daß ihre Mühe nicht umsonst ist. Die Regierung soll für meine jungen Leute sorgen. Schaut euch das große, gute Land an, das man mir und meinem Volk weggenommen hat.

Hätte ich die Absicht, mehr zu reden, könnte ich erzählen und von Weißen bestätigen lassen, wie mein Volk von den Weißen abgeschlachtet wurde. Eins aber werde ich sagen: Nie wurde je ein Weißer für das bestraft, was er getan hat. Hätte man die weißen Männer, die unsere Frauen und Kinder umgebracht haben, vor Gericht gestellt und bestraft, würde ich das Urteil gegen mich und meine Männer ruhiger hinnehmen. Konnte ich das? Konnte ich das? Bitte, sagt es mir.

Nein, ihr Weißen werdet nicht antworten. Können wir Indianer jemals einen Prozeß gegen euch Weiße mit euren Gesetzen gewinnen? Ich sage nein. Ich weiß es. Ihr Weißen könnt jeden von uns jederzeit erschießen, wann immer ihr wollt, im Krieg oder im Frieden. Könnt ihr mir sagen, wann je ein Weißer für den kaltblütigen Mord an einem Modoc bestraft wurde? Nein, ihr könnt es nicht. Ich stehe am Rande des Grabes. Mein Leben liegt in eurer Hand. Ich klage das Volk der Weißen als Massenmörder an. Nicht nur in einem Fall, sondern aufs neue und immer wieder aufs neue. Denkt an Ben Wright. Was hat er getan? Er tötete fast fünfzig meiner Leute. Mein Vater war darunter. Ben Wright wollte mit ihnen über den Frieden verhandeln. Wurden er oder seine Männer bestraft? Nein, nicht einer. Dabei waren Ben Wright und seine Männer zivilisierte Weiße. Die anderen zivilisierten Weißen in Yredka, Kalifornien, machten einen großen Helden aus ihm. Sie gaben ihm ein Festmahl und tanzten zu seinen Ehren für die Ermordung unschuldiger Indianer. Er wurde für seine Verbrechen gefeiert.

Jetzt bin ich hier. Ich habe einen Mann getötet,

nachdem er mich wieder und wieder zum Narren gehalten hat. Meine eigenen Männer haben mich dazu gezwungen. Das Gesetz sagt: Hängt ihn. Er ist sowieso nur ein Indianer. Wir können ihn sowieso jederzeit umbringen. Dieser eine aber hat etwas getan. Darum hängt ihn auf. Warum hat euer Gesetz nicht das gleiche über Ben Wright gesagt?

Jetzt habe ich gesprochen. In ein paar Tagen werde ich nicht mehr sein. Ich sage der Welt Lebewohl.

HÄUPTLING COLONEL COBB

Bei der Verhandlung von Dancing Rabbit Creek (27. September 1830) wurden die Choctaw-Indianer mittels Bestechung und Einschüchterung überredet, ihr angestammtes Land in Mississippi und Alabama abzutreten und in das Indianerterritorium in Oklahoma umzuziehen. Jenen Choctaws, die sich weigerten zu emigrieren, wurde vertraglich das Recht zur Bleibe und Besitzrechte auf Teile ihres Landes zugesichert – ein Recht, das aus offensichtlichen Gründen von den Indianern nie in Anspruch genommen werden konnte.

1843 versuchte die Regierung erneut durch den Indianerbeauftragten Captain J. J. McRea, die letzten auf ihre Rechte beharrenden Choctaws zur Emigration zu überreden. McRea gab zu verstehen, daß die Choctaws in Mississippi keine Zukunft mehr haben würden: »Eure Versammlungsfeuer dürfen hier nicht länger brennen. ... Aber wenn die Choctaws die Hand ihres Großen Vaters ergreifen, die bereit ist, sie in ihre neue Heimat im Westen zu führen, dann werdet ihr neue Hoffnung schöpfen, und eure Zukunft wird rosig sein.« Zwei Tage nachdem McRea sein Angebot gemacht hatte, antwortete der Mischling Häuptling Colonel Cobb für die Choctaws.[1]

---

1 Niles Weekly Register, vol. LXIV (1843), S. 131–132.

Dort, in den alten Föhren, hörst du die Geister unserer Toten

*B*ruder: Wir haben deine Worte gehört, als kämen sie von den Lippen unseres Vaters, dem großen weißen Häuptling in Washington, und mein Volk hat mich gebeten zu antworten. Der rote Mann hat keine Bücher, und wenn er sagen will, was er denkt, spricht er mit dem Mund, wie seine Väter vor ihm. Er hat Angst vor dem Schreiben. Wenn er spricht, weiß er, was er sagt. Der Große Geist hört ihn. Die Schrift ist die Erfindung der Weißen. Sie gebiert Krieg und Leid. Der Große Geist spricht. Wir hören ihn im Donner, im Singen des Windes und im Wasser. Niemals schreibt er.

Bruder: Als ihr jung wart, waren wir stark. Wir kämpften an eurer Seite. Jetzt aber sind unsere Arme zerbrochen. Jetzt seid ihr mächtig und stark. Mein Volk ist klein geworden.

Bruder: Meine Stimme ist schwach. Du kannst mich kaum hören. Es ist nicht der Schrei eines Kriegers, es ist das Wimmern eines Kindes. Als ich über die Leiden meines Volkes klagte, habe ich meine Stimme verloren. Dies hier sind ihre Gräber, und dort in den alten Föhren hörst du die Geister unserer Toten. Ihre Asche ist hier. Wir wurden zurückgelassen, um sie zu bewachen. Fast alle unsere Krieger sind in das ferne Land im Westen gegangen. Unsere

Toten aber sind hier. Sollen auch wir gehen und ihre Knochen den Wölfen lassen?

Bruder: Zweimal kam und ging der Schlaf, seit wir dich reden hörten. Über das, was du gesagt hast, haben wir nachgedacht. Du verlangst von uns, daß wir unser Land verlassen, und du sagst, es sei der Wunsch unseres Vaters. Wir möchten unseren Vater nicht kränken. Wir achten ihn, und wir achten dich, seinen Sohn. Aber der Choctaw denkt immer nach. Wir brauchen Zeit zur Antwort.

Bruder: Unsere Herzen sind schwer. Vor zwölf Wintern haben unsere Häuptlinge unser Land verkauft. Alle Krieger, die du hier siehst, waren gegen diesen Vertrag. Hätte man die Stimmen der Toten zählen können, wäre dieser Vertrag niemals gemacht worden. Sie waren hier, aber sie waren weder zu sehen noch zu hören. Ihre Tränen waren im Regen, ihre Stimmen waren Wind. Aber die Weißen wußten es nicht, und unser Land wurde genommen.

Bruder: Wir klagen jetzt nicht. Ein Choctaw leidet, aber er weint nicht. Du besitzt den starken Arm. Wir können ihm nicht widerstehen. Aber der weiße Mann betet zum Großen Geist. Der rote Mann tut es auch. Der Große Geist liebt Wahrheit. Als ihr uns unser großes Land genommen habt, habt ihr uns einen Teil davon versprochen. Euer Versprechen steht dort in dem Buch. Zwölfmal ist das Laub von den Bäumen gefallen, doch wir haben kein Land bekommen. Unsere Versammlungshäuser wurden uns weggenommen. Der Pflug des weißen Mannes gräbt die Knochen unserer Väter aus. Wir wagen nicht mehr, Feuer zu machen. Und noch immer erzählst du uns, wir könnten hier bleiben, und du würdest uns Land geben.

Bruder: Ist das Wahrheit? Aber wir glauben, daß unser großer Vater uns jetzt hören wird, da er weiß, in welcher Lage wir sind. Wir sind weinende Waisen in unserem eigenen Land. Doch unser Vater wird uns bei der Hand nehmen. Wenn er sein Versprechen erfüllt, werden wir ihm antworten. Er meint es gut. Wir wissen es. Aber wir können jetzt nicht denken. Unsere Leiden haben uns zu Kindern gemacht. Wenn unsere Angelegenheit geregelt ist, werden wir wieder Männer sein. Dann werden wir mit unserem Großen Vater über seinen Vorschlag sprechen.

Bruder: Du stehst in den Mokassins eines großen Häuptlings. Du sprichst die Worte einer großen Nation, und deine Rede war lang. Mein Volk ist klein.

Der Schatten meiner Leute reicht kaum bis an dein Knie. Sie sind fort und zerstreut. Wenn ich rufe, höre ich meine eigene Stimme im Wald, und keiner antwortet mir. Deshalb meine wenigen Worte. Ich habe nichts mehr zu sagen. Aber ich will, daß dem großen Häuptling der Weißen, dessen Bruder[1] *an deiner Seite steht, gesagt wird, was ich gesagt habe.*

---

1 Gemeint ist William Tyler, der Bruder von Präsident John Tyler (1841–1945), der in dieser Zeit zu einem der Choctaw-Beauftragten ernannt wurde.

HÄUPTLING RED CLOUD

Im Jahre 1870 überredete die Regierung Red Cloud, den Häuptling der Oglala Sioux, nach Washington zu kommen. Das geschah in der Absicht, die Indianer bei diesem Besuch durch die Zurschaustellung der Macht der Weißen und ihres Reichtums einzuschüchtern, um so die Gefahr künftiger Feindseligkeiten zu vermindern. Der Sekretär für innere Angelegenheiten, Cox, hielt eine ausführliche Begrüßungsrede an die Delegation, worin er die allgemeine Lage darstellte und den Indianern zu verstehen gab, daß es die beste Lösung für sie wäre, in ein Reservat am Missouri River umzusiedeln. Würden die Indianer den Frieden nicht brechen, sagte der Sekretär, »werden wir alles tun, was gut und richtig für sie ist«. Red Cloud antwortete für die Indianerdelegation.

HÄUPTLING RED CLOUD

Häuptling Red Cloud (1820 bis nach 1906) wurde auf einen Schlag berühmt, nachdem er 1866 bei Fort Phil Kearny Captain Fetterman besiegt und diesen und weitere achtzig Soldaten getötet hatte. Neben Crazy Horse und Sitting Bull war er der bedeutendste Sioux-Häuptling im 19. Jahrhundert.

Ich komme von dort, wo die Sonne untergeht

Der Große Geist hat mich nackt gesehen, wie er meinen Großen Vater nackt gesehen hat, gegen den ich gekämpft habe. Ich habe meine Gebete an den Großen Geist gerichtet, so bin ich heil hier angekommen.

Seht mich an. Ich wurde großgezogen in einem Land, wo die Sonne aufgeht, und jetzt komme ich von dort, wo die Sonne untergeht. Wessen Stimme erklang zuerst in diesem Land? Die Stimme des roten Mannes, der nur Pfeil und Bogen besaß.

Der Große Vater sagt, er ist gut und freundlich zu uns. Ich glaube es nicht. Ich bin gut zu seinem weißen Volk. Auf ein mir gesandtes Wort hin habe ich mich auf den langen Weg zu seinem Haus gemacht.

Mein Gesicht ist rot. Das eure ist weiß. Der Große Geist lehrte euch Lesen und Schreiben, mich aber nicht. Ich habe es nicht gelernt. Ich komme hierher, um meinem Großen Vater zu erzählen, was mir in meinem Land nicht gefällt. Ihr alle seid meinem Großen Vater nah, und viele von euch sind große Häuptlinge. Den Männern aber, die uns der Große Vater gesandt hat, fehlt es an Verständnis.

Was er mit meinem Land gemacht hat, will ich nicht. Ich habe nicht darum gebeten. Ich wollte nicht, daß weiße Männer durch mein Land ziehen.

Vater, hast du oder haben deine Freunde Kinder? Möchtet ihr sie großziehen? Schaut mich an: Ich bin mit all diesen jungen Männern hergekommen. Jeder von ihnen hat Kinder und möchte sie großziehen. Überall bin ich von weißen Kindern umzingelt. Sie haben mir nichts gelassen als eine Insel. Am Anfang, als wir dieses Land besaßen, waren wir stark. Jetzt schmelzen wir dahin wie der Schnee auf den Hügeln. Ihr aber wachst wie Gras im Frühling.

Nun bin ich von weither in das Haus meines Vaters gekommen. Wenn ich wieder fort bin, seht nach, ob ich einen Tropfen Blut in diesem Land gelassen habe. Wenn der weiße Mann in mein Land kommt, zieht er eine Blutspur hinter sich her.

Sag dem Großen Vater, er soll Fort Fetterman woanders aufbauen, dann werden wir keine Schwierigkeiten miteinander haben. Ich habe zwei Gebirge in meinem Land, die Black Hills und die Big Horn Mountains. Ich will, daß mein Vater dort keine Straßen baut. Ich habe schon dreimal darüber gesprochen, und jetzt bin ich hergekommen, um es ein viertes Mal zu sagen.

Ich lehne das Reservat am Missouri ab. Ich sage es zum vierten Mal. Hier sind einige meiner Leute von dort. Unsere Kinder sterben. Das Land ist nicht gut für sie.

Ich wurde an der Flußgabelung des Platte Rivers geboren, und man hat mir gesagt, dieses Land gehöre mir im Norden, Süden, Osten und Westen.

Der rote Mann ist in das Haus des Großen Vaters gekommen. Die Oglalas kamen als letzte, doch ich komme, um zu hören und den Worten des Großen Vaters zu lauschen.

Sie haben mir versprochen, daß Händler kommen würden, aber es sind keine gekommen. An der Mündung des Horse Creek haben sie 1852 eine Vereinbarung mit uns getroffen, und der Mann, der das Abkommen vereinbart hat, ist der einzige, der mir die Wahrheit sagte. Wenn du mir Lebensmittel und andere Güter schickst, werden sie auf dem Weg zu uns gestohlen, denn was ich davon bekomme, ist nicht mehr als eine Handvoll. Sie halten mir ein Papier zum Unterzeichnen hin, und das ist alles, was ich für mein Land bekommen habe.

Ich weiß es, die Leute, die du uns geschickt hast, sind Lügner. Sieh mich an: Ich bin arm und nackt. Ich will keinen Krieg mit meiner Regierung. Jetzt geht die Eisenbahn quer durch mein Land. Für dieses Land habe ich nie eine Abfindung bekommen, nicht einmal einen Bronzering.

Du könntest meinem Volk das Pulver bewilligen, um das wir gebeten haben. Wir sind nur noch eine Handvoll, und ihr seid eine große und mächtige Nation. Die ganze Munition wird von euch hergestellt. Ich bitte euch nur um soviel, damit wir genug haben, um Wild zu jagen. Der Große Geist hat alle Dinge, die ich in meinem Land habe, wild erschaffen. Ich muß sie aufspüren und jagen. Es ist nicht wie bei euch, wo man aus dem Haus geht und alles findet, was man braucht.

Mehr habe ich nicht zu sagen.

HÄUPTLING POWHATAN

Die Beziehungen zwischen Powhatans Indianern und Captain John Smith' Siedlung bei Jamestown in Virginia waren in der ersten Zeit überaus herzlich. Bei zahlreichen Gelegenheiten versorgten die Indianer die Siedler großzügig mit dringend benötigten Lebensmitteln. Vielleicht retteten sie dadurch überhaupt die Siedlung vor dem Untergang. Doch unter Smith' Führung verschlechterte sich das gute Einvernehmen zwischen Eingeborenen und Weißen schnell. Die Gründe dafür sind unbekannt. Frühe amerikanische Historiker bezichtigen Powhatan der Doppelzüngigkeit. Powhatan seinerseits mißtraute den Engländern und verabscheute sie mehr und mehr wegen ihrer ungerechtfertigten Forderungen. 1609 erschien Captain Smith, begleitet von einer Schar Bewaffneter, bei Powhatan in Werowocomoco und verlangte weitere Lebensmittel. Powhatan schützte Armut vor und gab freimütig zu verstehen, daß er sich über die Abreise der Engländer freuen würde. Nach dem Zeugnis seiner Worte aber lehnte er kriegerische Auseinandersetzungen entschieden ab.

---

1 Lives of the Celebrated American Indians, Boston, Mass., 1843, S. 179–180.

(o. A. d. J.)

Häuptling Powhatan

Häuptling Powhatan (um 1600). Der Zeichner ist unbekannt. Wahrscheinlich ist das Porträt nachempfunden worden.

Was kannst du durch Krieg gewinnen?

*I*ch habe zwei Generationen meines Volkes sterben gesehen. Kein Mann dieser zwei Generationen lebt noch außer mir. Ich kenne den Unterschied zwischen Krieg und Frieden besser als jeder Mann meines Volkes.

Ich bin jetzt alt. Ich werde bald sterben. Dann wird meine Kraft auf meine Brüder übergehen, auf Opitchapan, Opechanconough und Catatough, und dann auf meine beiden Schwestern, und dann auf meine beiden Töchter.

Ich möchte, daß auch sie wissen, was ich weiß. Ich möchte, daß deine Liebe zu ihnen sein wird wie meine Liebe zu dir.

Warum willst du mit Gewalt nehmen, was du friedlich bekommen kannst, durch Liebe? Warum tötest du die, die dich mit Nahrung versorgen? Was kannst du schon durch Krieg gewinnen? Wir können unsere Vorräte verstecken, und du mußt verhungern, weil du deinen Freunden Unrecht zugefügt hast.

Warum beneidest du uns? Wir haben keine Waffen, und wir sind bereit, dir zu geben, was du willst, wenn du als Freund kommst, nicht mit Schwertern und Gewehren wie ein Feind.

Ich bin nicht so einfältig, daß ich nicht wüßte, daß es besser ist, gutes Fleisch zu essen, ruhig zu schafen und friedlich mit meinen Frauen und Kindern zu leben. Es ist besser, mit den Engländern Kupfer und Beile zu tauschen und zu lachen und zu feiern, als davonzulaufen und in den Wäldern zu frieren, Wurzeln und Eicheln zu essen und gejagt zu werden, so, daß ich weder essen noch schlafen kann.

Wenn Krieg ist, müssen meine Männer nachts wach liegen. Und wenn ein Ast knackt, schreien sie auf: »Das ist Captain Smith!«

Genauso werde ich mein elendes Leben beenden. Nehmt eure Gewehre und Schwerter weg. Sie sind der Grund all unseres Mißtrauens. Nehmt sie weg, oder ihr alle werdet durch eure eigenen Waffen genauso elend sterben wie ich.

Häuptling Charlot

Charlot hatte die Häuptlingswürde der Flatheads von seinem Vater geerbt, deren angestammtes Land sich vom Bitter-Root-Tal über das Jocko-Gebiet erstreckte und das im Norden bis zum Kalispel-See im westlichen Montana reichte. Seit langem bekannt und geschätzt für ihre unverbrüchliche Treue zu den Weißen, nahmen die Flatheads die berühmten amerikanischen Forschungsreisenden Lewis und Clark freundlich auf und ersuchten von sich aus um die Errichtung einer Missionsstation durch den Jesuitenpater De Smet in den vierziger Jahren des vorigen Jahrhunderts. Die Jesuiten gründeten bei Stevensville im Bitter-Root-Tal die kleine Missionsstation St. Mary – das erklärt die offensichtlich christlichen Anspielungen in der Rede von Charlot und seine Verbitterung über die Kluft zwischen christlicher Moral und amerikanischer Praxis –, und deshalb waren die Flatheads auch bereit, 1855 bei Hell Gate (Missoula) einen Vertrag mit Gouverneur Stevens zu unterzeichnen. In diesem Vertrag wurden die Besitzansprüche der Flatheads auf das Bitter-Root-Gebiet zwar bestätigt, eine Klausel aber räumte dem Präsidenten der USA das Recht ein, die Flatheads in das Jocko-Reservat nördlich von Missoula umzusiedeln. Dieses Vorrecht des Präsidenten war jedoch, zumindest nach Meinung der Flatheads, verfallen, und in den siebziger Jahren setzte eine weiße Kommission (darunter befand sich unter anderen berühmten Persönlichkeiten auch der spätere Präsident James A. Garfield) eigenmächtig Charlots Unterschrift auf ein Dokument, das die Flatheads verpflichtete, in das Jocko-Reservat zu gehen. Charlot weigerte sich, und die Urkundenfälschung wurde später tatsächlich durch eine Kommission des amerikanischen Senats aufgedeckt. Das geschehene Unrecht aber wurde nicht wiedergutgemacht, und Charlot wurde mehr und mehr unter Druck gesetzt, mit seinem Volk in das Reservat umzusiedeln. Charlot weigerte sich zäh und beharrlich, und seine Weigerung provozierte eine immer stärker werdende Feindseligkeit der Weißen in der Zeit, als sich der endlose Strom der Siedler ins Bitter-Root-Tal ergoß (das im journalistischen Klischee jener Epoche als ein ›wahres Paradies‹ angepriesen wurde). Die Volksversammlung der Siedler von Missoula versuchte schließlich durch ein brutales politisches Manöver, die Indianer zur Aufgabe ihrer Rechte und zur Aussiedlung zu zwingen, indem sie von den Indianern eine Steuer für ihr Land verlangten. Dieses Unrecht, die bittere Armut der Indianer und die unersättliche Gier der Weißen veranlaßten Charlot zur folgenden Rede.

Die einzige Quelle dieser Rede ist eine Fassung, die im ›Weekly Missoulian‹ vom 26. April 1876 erschien. Der Name des Übersetzers fehlt, und der Text ist lediglich ›einem Flathead-Häuptling‹ zugeschrieben, obwohl der Autor kaum ein anderer als Charlot gewesen sein konnte. Wie Henry A. Smith' Version von Seattles Rede, ist dieser Text ebenfalls eine schwülstige, geschönte, ›literarische‹ Übersetzung. Bei genauerer Untersuchung des Textes aber stößt man auf stichhaltige Beweise, daß die Rede im großen und ganzen authentisch sein muß – welcher Weiße dieser Zeit hätte je falsche Zähne als schlagenden Beweis für die Falschheit und Schamlosigkeit des weißen Mannes angeführt? Meine Methode zur Rekonstruktion dieser Rede war fast identisch mit der, die ich bei Seattles Text angewandt habe.

Riecht nicht der weiße Mann nach Tod?

Ja, mein Volk, der weiße Mann will, daß wir ihn bezahlen. Deshalb kommt er. Er sagt, wir müssen ihn bezahlen, ihn bezahlen für das, was uns gehört, für Dinge, die wir vom Großen Geist und von unseren Großvätern empfangen haben, für Dinge, die ihm nie gehörten, für Dinge, die wir nicht von ihm bekommen haben. Welches Gesetz, welches Recht ist das? Was für ein Mitleid ist das? Die Indianer sagen, daß eine Frau sich weniger schämt als ein Mann. Der weiße Mann aber ist schamloser als eine Frau.

Mehr als siebzigmal ist der Schnee getaut, seit unsere Großväter ihn zum ersten Mal trafen. Die meisten unserer Großväter sind wie der Schnee dieser siebzig Winter dahin. Ihre Geister kehrten dorthin zurück, wo sie herkamen. Sie sagen, der Geist des weißen Mannes geht an denselben Ort. Ob sie sich dort treffen und auf uns herabschauen? Ob sich der weiße Mann vor seinem Gott schämt? Oder ist er für alle Ewigkeit tot? Gleicht sein Gebet seinem Versprechen? Ist es in den Wind gesprochen? Ist es ein Klang ohne Bedeutung? Ist es etwas, dessen Leben nach Tod riecht? Riecht nicht der weiße Mann nach Tod? Er hat Gräber um Gräber mit unseren Knochen gefüllt. Seine Pferde, seine Rinder, seine Schafe, seine Männer, seine Frauen – von allen geht der Geruch der Verwesung aus. Stinken nicht sein Atem und sein

Zahnfleisch? Die Zähne fallen ihm aus dem Mund, und er setzt falsche dafür ein. Aber er schämt sich nicht.

Nein, es ist sein Wesen, alles zu zerstören. Alles, was der Große Geist, der uns dieses Land gab, schön und sauber geschaffen hat, beschmutzt und besudelt er. Aber das ist nicht alles. Er, der unsere Erde unterjocht hat, will, daß wir ihn jetzt dafür bezahlen – wir, die armen Überlebenden eines Volkes, das ihm nie etwas zuleide getan hat.

Was ist er? Wer hat ihn hergeschickt? Wir waren glücklich, als er zum ersten Mal kam. Seitdem haben wir viel von ihm gesehen, ihn immer gehört und immer über ihn gehört. Als er zum ersten Mal kam, dachten wir, er käme von dort, wo die Sonne aufgeht. Doch er kommt wie die Finsternis, nicht wie der Morgen. Er kommt wie der Tag, der vorbei ist, und Nacht schleicht in unsere Zukunft, sobald er erscheint.

›Lügner‹ und ›Dieb‹ sollte auf seine Stirn gebrannt sein. Genauso, wie er die uns gestohlenen Pferde mit seinem Zeichen brandmarkt. Hätte der Große Geist dieses Mal auf seine Stirn gebrannt, hätten wir ihn abweisen können. Doch weil er Hilfe brauchte, hießen wir ihn willkommen. Er war in Not, so gaben wir ihm zu essen. Wir sorgten für ihn, wir schlossen Freundschaft mit ihm. Wir zeigten ihm die Furten und Pässe in unserem Land. Aber wir sahen nicht, daß sein Gesicht unter seinen Haaren versteckt war, und nicht sein Kaninchenlächeln, das er hinter dem Bart verbarg.

Ein langschwänziger, hinterlistiger Kojote, gierig nach Flachland mit hohem Gras und Wäldern.

Hat er uns nicht eingeladen und uns mit Rindern bewirtet, in unserem eigenen Land, auf unsern eigenen Weiden, dort bei der kalten Quelle? Bat er uns nicht, seine Papiere zu unterzeichnen? Schwor er nicht bei der Sonne und bei dem Auge, das die Sonne mit Feuer erfüllt, in beider Namen und im Namen seines eigenen Häuptlings? Schwor er nicht bei seinem Schwur, zu geben, was er nie gab, zu tun, von dem er wußte, er würde es niemals tun? Damals war er ein Lügner, er ist noch immer ein Lügner. Er besitzt weder Freundschaft noch Mut, kein Erbarmen und keine Gerechtigkeit. Das ist der Grund, warum er jetzt will, daß wir ihm noch mehr geben. Wann hat er je genug? Erst war er ein Wanderer, ein Kojote. Dann war er ein Lügner. Jetzt ist er ein Mörder und ein Gebieter. Um zu bekommen, was er will, damit sich Bäume und Steine und seine eigenen Leute ihm fügen, droht er mit Soldaten, Ketten, Gefängnissen.

Mein Volk, wir sind arm. Wir sind Waisenkinder ohne Vater. Der weiße Mann ist nur der Vater unseres Elends – der Leiden jener von uns, die übrig geblieben sind, und der wenigen, die nach uns kommen werden. Er hat uns vernichtet. Er selbst ist die Schlange, über die er immer spricht – die Schlange, von der er sagt, sie sei über seine Mutter gekrochen, in ihrem eigenen Land, um sie zu verführen. Er sagt, seine Geschichte sei dieselbe wie die des ersten Mannes, der aus seinem Land gewiesen und vertrieben wurde. Warum haben wir ihn nicht aus unserem Land vertrieben? Er sagt, eine seiner Jungfrauen hatte einen Sohn, der an zwei gekreuzte Äste genagelt in den Tod ging, um ihn zu retten. Wären sie damals alle gestorben, als jener junge Mann starb, so wären wir jetzt gerettet. Dies Land würde uns gehören. Aber er lebt noch. Und er lebt noch und noch.

Und der Dieb ist ein gieriger Bettler. Wo immer er hingeht, folgen ihm Schweine und Henker. Ihm Geld zahlen? Hat er je gefragt, wie? Nein, sein Geiz erdrosselt sein Mitleid. Die Gier ist die Frau seines Neides. Er sah unsere wenigen Pferde und Kühe. Er sah Wälder voll Bäume, um Schienen daraus zu machen. Und er sah, daß wir nur wenige waren. Das war der Köder für seine Gier. Warum? Weil er in großer Schuld steht, und er will von uns, daß wir sie bezahlen. Er sagt es selbst. Seine Habgier hat ihn in Schulden gestürzt, und er will, daß wir sie bezahlen. Er will uns zum Narren machen. Hat er je gefragt, wie viele von dem wenigen leben müssen, was wir besitzen? Wie viele Kinder ohne Väter? Wie viele hungernde Säuglinge?

Er kam in einer Nacht zu uns, als Himmel und Berge ihre Kräfte vereinten, um uns zu erfrieren. Er war verloren, er war fast tot. Bat er uns nicht um eine Decke, um sich zu retten? Nein, er selbst ist kalt. Er kennt kein Erbarmen. Viermal in derselben Nacht wurde One-Eye Keneth, ein siebzigjähriger Indianer, aus vier Häusern der Weißen zur Tür hinausgestoßen. Sie jagten den armen, alten, blinden Mann hinaus in den Tod.

Nein, der weiße Mann kennt kein Erbarmen. Blickt ihn an. Wie blickt er zurück? Seine Fischaugen starren euch an, wie die Eule eine Schar blauer Schneehühner anstarrt. Er ist kalt. Arglist und Gier sind seine steten Begleiter. Sie gehören zu ihm wie Füße und Hände. Wir schulden ihm nichts. Er schuldet uns mehr, als er je wird zahlen können. Und trotzdem sagt er, es gibt einen Gott.

Ich kenne einen anderen alten Mann. Er lebte in seiner Hütte mit seiner Frau und seiner Tochter. Alles, was er besaß, waren ein paar Biberfelle und vier oder fünf magere Pferde. Es war eine bittere Nacht. Die Bäche waren gefroren, und die Erde war weiß. Die Sterne schienen so nah, als wollten sie uns wärmen. Das Fell der Rehe war gesträubt, und die Weiden knackten im Frost. Zwei weiße Männer kamen zu ihrer Hütte. Sie waren vom Weg abgekommen und fast erfroren. Die alte Frau und das Mädchen schnitten ihnen die vereisten Stiefel von den Füßen und gaben ihnen neue. Sie rieben ihre Füße mit Sage-Rinde ein, um sie warm und weich zu machen. Die Frau gab ihnen heiße Suppe und gekochtes Reh- und Biberfleisch. Ihre Sicherheit kehrte zurück und ließ sie leben. Nach einiger Zeit sagten sie, sie müßten gehen, und so gingen sie.

Aber hört. Um Mitternacht kamen die Männer zurück. Sie schlachteten den alten Mann, seine Frau und seine Tochter im Schlaf. Dann nahmen sie die Biberfelle und Pferde und verschwanden. Am nächsten Tag brachten sie den ersten Indianer um, der ihnen begegnete, einen stattlichen, jungen Krieger. Sie schoben seinen Körper unter das Eis und ritten mit seinem Pferd davon.

Und der weiße Mann sagt, der Indianer sei schlecht. Wird er je von seinen eigenen Verbrechen erzählen? Nein, Verbrechen, die er den Indianern angetan hat, werden nie erzählt. Er ist der Zerstörer, doch immer wieder schreit er, daß ein paar Indianer eine Gefahr für ihn sind. Andere Indianer töten seine Frauen oder vergewaltigen sie. Sie nageln seine Kinder mit Pflöcken an der Erde fest und schlachten seine Stiere. Und er belohnt sie mit Zucker und Decken. Den armen Flatheads aber, die ihm nie etwas zuleide taten, will er Steuern abpressen und sie noch ärmer machen.

Meine Brüder, ich könnte viel mehr sagen. Doch soviel habe ich gesagt. Ich werde zu reden aufhören, damit ihr über diese Steuer eure Entscheidung treffen könnt. Nie haben wir Gesetze gemacht, um Steuern zu fordern. Die Gesetze des weißen Mannes haben uns weder einen Grashalm noch einen Baum, weder eine Ente noch ein Schneehuhn oder eine Forelle gebracht. Nein, er ist wie der Vielfraß, der unsere Vorräte stiehlt. Wie oft kommt er zu uns? Ihr wißt es. Er kommt und kommt, solange er lebt, und er nimmt und nimmt, mehr und mehr, und alles, was er verläßt, ist verdreckt und besudelt.

HÄUPTLING MOISÉ

Im Jahre 1911 wurde denjenigen von Häuptling Charlots Flathead-Indianern, die schließlich doch in das Jocko-Reservat umgesiedelt waren, ein kurzer Erinnerungsbesuch in ihrer alten Heimat im Bitter-Root-Tal gestattet. Sie schlugen ihre Zelte in der Nähe des alten Forts Owen auf, ihrem alten Lagerplatz bei der katholischen Missionsstation St. Mary, im Dorf Stevensville im Staat Montana. Unter ihnen befand sich einer von Charlots Stellvertretern, Häuptling Moisé, der den alten Häuptling bei dessen Delegation nach Washington begleitet hatte. Zunächst wollte Moisé nicht an der Reise in die alte Heimat teilnehmen, schließlich aber willigte er doch ein. Er verbrachte viele Stunden damit, den Bitter-Root-Fluß und die dahinterliegenden Berge zu betrachten. Er schaute auf die schneebedeckte Bitter-Root-Bergkette mit ihrem großen Gipfel, den die Katholiken St.-Maria-Berg genannt hatten. Seine folgenden Worte wurden an einen Historiker gerichtet, der die Gruppe bei ihrem Besuch begleitet hatte.

HÄUPTLING MOISÉ

Diese Aufnahme, das einzige Bild von Häuptling Moisé, entstand im Jahre 1913.

In jenen Tagen waren wir glücklich

Ich weiß nicht, warum mein Volk aus diesem Tal vertrieben wurde. In den alten Tagen, als wir hier lebten, waren wir ein großes Volk. Jetzt ist das alles, was von uns übrig ist. [Er weist mit einer Armbewegung auf die wenigen zerstreuten Zelte in der Ebene vor dem alten Fort Owen.] *Wir sind nur noch wenige.*

Die Schwarzröcke schickten uns Nachricht, sie würden uns die neue Religion lehren, wenn wir kommen würden, um sie zu treffen. Wir gingen dort über die Berge [er zeigt nach Süden auf den Big-Hole-Paß], *sechs Tage lang, bis wir ins weite Grasland kamen. Dort trafen wir sie.*

Sie kamen zu uns und belehrten uns. Seitdem stirbt unser Volk. Ich glaube, es ist des Lernens zuviel. Sie lehrten uns das Trinken. Bevor die Schwarzröcke kamen und als wir in diesem Tal lebten, war es Brauch, jedes Jahr einen ausgewählten Jungen auf die Spitze eines Berges zu schicken – des St.-Maria-Berges. Dort fastete er und machte Medizin für unser Volk. Dann kam er zurück, und wir waren gesund. Mehr brauchten wir damals nicht zu studieren.

Oben auf dem Berg, wo der Junge hinging, da wuchs vor langer Zeit ein Cottonwood-Baum, aber er ist inzwischen gestorben. Mein Vater hat mir davon erzählt. Er hat ihn gesehen. Unter diesem Baum waren viele Kieselsteine. Jeder, der dorthin kam, steckte ein paar Kieselsteine in sein Hemd, um sie ins Tal zu bringen. Aber niemals brachte je einer einen Stein hinab. Sie gingen immer verloren, bevor sie den Fuß des Berges erreichten. Sie konnten nicht weggetragen werden.

Aber in jenen Tagen waren wir glücklich. Dieses Tal war unsere Heimat. Hätten wir nicht Denken gelernt, hätte man uns nie von hier vertreiben können.

HÄUPTLING SPECKLED SNAKE

Seit der Gründung der Vereinigten Staaten von Amerika wurden die einzelnen Stämme der Indianer wie Völker souveräner Staaten behandelt. Das war der konsequente Grundsatz der Präsidenten Washington, Jefferson und Adams. Unter Andrew Jackson wurde dieser Grundsatz ins Gegenteil verkehrt. Der Präsident gab vor, nicht über genug Macht zu verfügen, um sich gegen die Souveränität der einzelnen Bundesstaaten durchsetzen zu können, d. h., den Indianern wurde damit der Schutz der Bundesregierung in Washington entzogen. Sie wurden auf Gnade oder Ungnade den einzelnen Staaten ausgeliefert, die seit langem auf die Gebiete der Indianer spekulierten. Das hatte zur Folge, daß ein großer Teil der Länder, die den Indianern gehörten, behördlich beschlagnahmt und die Stämme selbst damit gezwungen wurden, in das Indianer-Territorium westlich des Mississippis zu übersiedeln.

Es kam zur Krise, als die Regierung des Staates Georgia 1829 den Geltungsbereich ihrer Gesetze ausdehnte, um auch den ›Staat‹ der Cherokee-Indianer, die zusammen mit den Creeks einen der sogenannten ›Fünf zivilisierten Stämme‹ bildeten, zu annektieren. Dieses einst mächtige Volk hatte große Fortschritte gemacht, um sich der Zivilisation der Weißen anzupassen, aber ihre fruchtbaren Länder weckten die Gier der weißen Nachbarn. Um die

Rechtmäßigkeit der Besitzansprüche des Staates Georgia zu überprüfen, führten die Cherokees einen Prozeß gegen die Regierung, und 1829 erklärte der Oberste Gerichtshof in Washington, daß der Staat Georgia seine Gerichtsbarkeit nicht auf die Cherokees ausdehnen dürfe. Präsident Jackson aber annullierte das eindeutige Urteil des Obersten Gerichtshofes, indem er erklärte, daß es nicht in seiner Macht stünde, das souveräne Recht des Staates Georgia anzutasten. Damit überließ er die Cherokees, Creeks und anderen Indianerstämme des Südens der Willkür der einzelnen Staaten – eine Politik, die zum berüchtigten Removal Act (Umsiedlungs-Gesetz) von 1839 führte, das den schrecklichen ›Trail of Tears‹ (Weg der Tränen) einleitete: die Zwangsumsiedlung der Indianer aus ihren angestammten Ländern in den Westen.

Im Jahre 1830 wurden die Häuptlinge der Creeks zur Verlesung einer Rede von Präsident Jackson vorgeladen, worin Jackson sie eindringlich beschwor, ihre Länder in South Carolina und Georgia aufzugeben und in ein neues Siedlungsgebiet im Westen zu ziehen. Speckled Snake, ein Creek-Häuptling, antwortete auf die Verlesung von Jacksons Rede.

Wo sind die roten Kinder, die er liebt?

Brüder: Ich habe viele Reden unseres Großen Vaters gehört. Als er zum ersten Mal über das große Wasser kam, war er nur ein kleiner Mann in einem roten Rock. Unsere Häuptlinge trafen ihn an den Ufern des Savannah-Rivers, und sie rauchten mit ihm die Friedenspfeife. Damals war er sehr klein. Vom langen Sitzen im großen Boot waren seine Beine krumm und lahm, und er bat uns um ein Stück Land, um sich ein Feuer zu machen. Er sagte, er sei über das große Wasser gekommen, um die Indianer neue Dinge zu lehren und sie glücklich zu machen. Er sagte, er liebe seine roten Brüder. Er war sehr freundlich.

Brüder: Die Muskogees gaben dem weißen Mann Land, und sie machten ein Feuer für ihn, so daß er sich wärmen konnte. Und als seine Feinde, die weißen Männer im Süden[1] ihm den Krieg erklärten, zogen unsere jungen Männer das Tomahawk und schützten seinen Kopf vor dem Skalpiermesser. Aber als sich der weiße Mann am Feuer der Indianer gewärmt und sich an ihrem Mais satt gegessen hatte, wurde er sehr groß. Mit einem einzigen Schritt überstieg er das Gebirge, und seine Füße füllten die Täler und Ebenen. Er streckte seine Hände aus und griff

---

1 Gemeint sind damit die Spanier in Florida.

nach den Meeren im Osten und im Westen, und sein Kopf ruhte am Mond. Da wurde er unser Großer Vater. Er liebte seine roten Kinder. Und er sagte: »Zieht euch ein wenig zurück, damit ich euch nicht zertrete.« Mit dem einen Fuß schob er den roten Mann über den Oconee, und mit dem anderen stampfte er die Gräber unserer Väter nieder und den Wald, worin wir so lange Rehe gejagt haben. Aber unser Großer Vater liebte noch immer seine roten Kinder. Und bald hielt er uns eine andere Rede. Er sagte: »Zieht euch ein wenig weiter zurück. Ihr seid mir zu nah.« Aber damals gab es ein paar schlechte Männer unter den Muskogees, genau wie heute. Sie blieben bei den Gräbern ihrer Väter, bis sie unter den schweren Füßen unseres Großen Vaters zermalmt wurden. Sie schlugen ihre Zähne in seine Füße, das machte ihn zornig. Aber er liebte noch immer seine roten Kinder. Und als er fand, daß es schwierig sei, sie zu bewegen, schickte er seine Kanonen, um sie aus dem Weg zu fegen.

Brüder: Ich habe sehr viele Reden unseres Großen Vaters gehört, stets aber beginnen und enden sie mit den Worten: »Zieht euch weiter zurück. Ihr seid mir zu nah.«

Brüder: Unser Großer Vater sagt: »Wo ihr jetzt seid, haben die weißen Männer bereits das Land verteilt.« Er spricht mit gerader Zunge, er kann nicht lügen. Als er aber zum ersten Mal über das große Wasser kam, damals, als er noch ein kleiner Mann war und vor dem großen Häuptling beim Rat am Yamacraw Bluff stand, sagte er: »Gebt mir ein Stück Land. Ihr könnt es entbehren, und ich werde es euch bezahlen.«

Brüder: Als unser Großer Vater eine seiner ersten Reden hielt, sagte er: »Geht ein wenig weiter. Geht über den Oconee und über den Okmulgee. Dort ist gutes Land.« Und er sagte auch: »Es wird für immer euer sein.« Heute habe ich seinen Worten gelauscht. Er sagt, das Land, worin ihr lebt, gehöre euch nicht. Er sagt: »Zieht euch über den Mississippi zurück. Dort ist Wild genug. Dort könnt ihr bleiben, solange Gras wächst und Wasser in Flüssen fließt.«

Brüder: Wird nicht unser Großer Vater auch dorthin kommen? Er liebt seine roten Kinder. Er liebt seine roten Kinder, und seine Zunge ist nicht gespalten.

Brüder: Unser Großer Vater sagt, unsere schlechten Männer hätten ihm das Herz bluten lassen, weil sie eines seiner weißen Kinder ermordet haben. Wo aber sind die roten Kinder, die er liebt, die einst so zahlreich waren wie Blätter im Wald? Wie viele wurden von seinen Soldaten ermordet? Wie viele wurden unter seinen Füßen zermalmt?

HÄUPTLING BLACK HAWK

Nach seiner Niederlage in der Schlacht von Bad Axe im Jahre 1832 gegen die Amerikaner mußte sich Black Hawk, der Häuptling der Sauk und Fox, den mit den US-Truppen verbündeten Winnebagos ergeben und wurde als Gefangener nach Prairie du Chien gebracht. Dort hat er, wie berichtet wird, die folgenden Worte an General Street gerichtet.

HÄUPTLING BLACK HAWK

Thomas Loraine Mckenny, der Chef des Büros für Indianer-Angelegenheiten, ließ auf eigene Kosten Porträts indianischer Krieger, Häuptlinge und Frauen anfertigen, die er in den dreißiger Jahren des 19. Jahrhunderts mit erläuternden Texten veröffentlichte. Dieses Gemälde ist das einzige Porträt, das von Black Hawk erhalten ist.

Der weiße Mann vergiftet das Herz

*I*hr habt mich mit allen meinen Kriegern gefangengenommen. Mein Herz tut weh, denn ich hoffte, euch zu besiegen. Oder zumindest länger auszuharren, um euch mehr zu schaden. Ich habe alles versucht, um euch in einen Hinterhalt zu locken, doch General Atkinson weiß, wie Indianer kämpfen. So beschloß ich, mich auf euch zu stürzen und Mann gegen Mann zu kämpfen. Ich kämpfte hart, aber eure Schüsse waren gut gezielt. Die Kugeln schwirrten wie Vögel durch die Luft und sausten um unsere Ohren wie der Winterwind in den Bäumen.

Meine Krieger fielen. Es sah schlecht aus. Dieser Tag stand unter einem bösen Zeichen. Morgens stieg leuchtend die Sonne auf, abends ging sie in einer schwarzen Wolke unter und sah aus wie ein Feuerball. Black Hawk wird keine Sonne mehr sehen. Er ist jetzt in den Händen der Weißen. Sie können mit ihm tun, was sie wollen. Aber er wird der Marter standhalten. Er ist kein Feigling.

Black Hawk ist ein Indianer. Er hat nichts getan, wofür sich ein Indianer schämen müßte. Er kämpfte für sein Land, er kämpfte gegen die Weißen. Jahr um Jahr kamen weiße Männer, um die Indianer zu betrügen und ihr Land zu stehlen. Ihr wißt sehr gut, warum wir diesen Krieg führten. Jeder weiße Mann weiß warum, und er sollte über das, was er tut, beschämt sein. Der Weiße haßt den Indianer und jagt ihn aus seinem Haus. Aber der Indianer betrügt nicht. Der weiße Mann spricht schlecht über den Indianer und blickt ihn gehässig an. Aber Indianer lügen nicht. Indianer stehlen nicht. Ein Indianer, der so schlecht ist wie ein Weißer, dürfte nicht unter uns leben. Wir würden ihn töten und von den Wölfen fressen lassen.

Die Weißen sind schlechte Lehrer. Ihre Blicke sind falsch, ihre Handlungen unaufrichtig. Sie lächeln dem armen Indianer ins Gesicht, um ihn zu betrügen. Sie schütteln ihm die Hand, um sein Vertrauen zu gewinnen, damit sie ihn betrunken machen können, um ihn zu betrügen. Wir haben ihnen gesagt, sie sollen uns in Ruhe lassen und sich fernhalten. Aber sie folgten uns. Sie versteckten sich am Weg, lauernd wie eine aufgerichtete Schlange. Wir waren nicht mehr sicher. Wir lebten in Gefahr. Wir wurden nach und nach wie die Weißen, Heuchler und Lügner, alles Redner und keine Arbeiter.

Wir schauten zum Großen Geist auf. Wir gingen zu unserem Großen Vater in Washington. Man machte uns Hoffnungen. Sein großer Rat gab uns gute Worte und machte uns große Versprechungen. Aber nichts geschah. Alles wurde noch schlechter. Es gab kein Reh mehr im Wald. Der Biber und das Opossum verschwanden. Die Quellen versiegten, und unser Volk war dem Hungertode nah. Wir beriefen den großen Rat ein und machten ein großes Feuer. Die Geister unserer Väter stiegen auf und befahlen, uns für das Unrecht zu rächen oder zu sterben. Wir stimmten den Kriegsruf an und gruben das Tomahawk aus. Unsere Messer waren bereit, und

Black Hawk schwoll das Herz, als er seine Krieger in den Kampf führte. Er ist zufrieden. Er wird zufrieden in die Welt der Geister gehen. Er hat getan, was er tun mußte. Sein Vater wird ihn dort treffen und loben. Black Hawk ist ein Indianer. Er hat Mitleid mit seiner Frau, seinen Kindern und seinen Freunden, aber um sich selbst sorgt er sich nicht. Er sorgt sich um sein Volk und um die Indianer. Sie werden leiden. Er hat Mitleid mit ihnen.

Die Weißen skalpieren nicht die Köpfe ihrer Feinde. Sie tun Schlimmeres. Sie vergiften das Herz. Es ist nicht heilig, was sie tun. Black Hawks Männer werden nicht skalpiert. Aber in ein paar Jahren werden auch sie schlechtere Menschen sein. Sie werden genauso sein wie der weiße Mann. Dann ist ihnen nicht mehr zu trauen. Dann könnt ihr sie nicht mehr verletzen. Dann werden unsere Dörfer genauso sein wie die Siedlungen der Weißen, wo es ebenso viele Offiziere wie Männer gibt, um auf sie aufzupassen und sie zur Ordnung zu zwingen.

Leb wohl, mein Volk. Black Hawk versuchte, euch zu retten und euer Unrecht zu rächen. Er hat das Blut einiger Weißer getrunken. Man hat ihn gefangen und seine Pläne vereitelt. Mehr kann er nicht tun. Sein Ende ist nah. Seine Sonne geht unter und wird nie wieder aufgehen.

Lebe wohl, Black Hawk.

Häuptling Black Hawk

Im Jahre 1837 wurde Black Hawk als besiegter und gedemütigter alter Mann gezwungen, ins Iowa-Reservat zu gehen, wo der Rest seines Stammes unter der Führung seines verabscheuten Feindes und Rivalen Keokuk lebte. Seit 1812 hatte Black Hawk einen jahrzehntelangen, erfolglosen Krieg gegen die Amerikaner geführt, um das angestammte Land seines Volkes in Illinois zu retten – vor allem das schöne Gebiet um den Rock River und den Mississippi mit der heiligen Insel des Stammes. Auf seinem Weg nach Iowa äußerte Black Hawk den Wunsch, Rock Island ein letztes Mal sehen zu dürfen. Sein Wunsch wurde erfüllt, und bei einem Abschiedsessen am Rock River am 4. Juli 1837 hielt Black Hawk seine letzte Rede – eine Rede, deren strahlende Menschenfreundlichkeit nicht nur seinen Rivalen Keokuk, sondern auch seine amerikanischen Besieger mit ihrer Wärme und einfachen Güte einschloß.

Ich danke euch für eure Freundschaft

Brüder: Es freut den Großen Geist, daß ich heute hier bin. Ich habe mit meinen weißen Freunden gegessen. Die Erde ist unsere Mutter. Wir leben auf ihr. Der Große Geist ist über uns. Das ist gut. Ich hoffe, alle, die hier sind, sind meine Freunde.

Vor ein paar Wintern habe ich gegen euch gekämpft. Vielleicht hatte ich unrecht. Aber das ist Vergangenheit. Sie ist begraben. Laßt sie uns vergessen.

Rock River war ein schönes Land. Ich liebte meine Dörfer, meine Kornfelder, ich liebte die Heimat meines Volkes. Ich habe darum gekämpft. Jetzt gehört sie euch. Sorgt für sie, wie wir für sie gesorgt haben. Sie wird euch reiche Ernten bringen.

Ich danke dem Großen Geist, daß ich jetzt mit meinen weißen Brüdern befreundet bin. Hier sind wir vereint. Wir haben zusammen gegessen. Wir sind Freunde. Es ist sein Wunsch und auch der meine. Ich danke euch für eure Freundschaft.

Einst war ich ein großer Krieger. Jetzt bin ich arm. Keokuk hat mich in diese Lage gebracht. Aber das soll kein Vorwurf sein.

Ich bin jetzt alt. Seit ich ein Junge war, habe ich

auf den Mississippi hinausgeschaut. Ich liebe diesen großen Fluß. Seit ich ein Junge war, habe ich an seinen Ufern gelebt. Jetzt schaue ich auf ihn hinaus. Ich reiche euch die Hand. Und weil ich es mir wünsche, hoffe ich, daß ihr meine Freunde seid.

Häuptling Red Bird

Im Frühling des Jahres 1827 wurde eine Gruppe Weißer beim Anzapfen von Ahornbäumen (zur Gewinnung von Ahornsirup) im Reservat der Winnebagos in Illinois von Indianern überrascht. Es kam zu einem Handgemenge, bei dem zahlreiche Weiße getötet wurden. Sofort kam es zur Vergeltung. Mehrere Stammesangehörige der Winnebagos wurden auf der Stelle ›exekutiert‹. Daraufhin unternahmen die Winnebagos einen Überfall auf Prairie du Chien. Eilig wurden Truppen aufgeboten, und um sein Volk vor der Ausrottung zu retten, ergab sich der Winnebago-Häuptling Red Bird, wohlwissend, daß er verurteilt und hingerichtet werden würde. In weiße Hirschfelle gekleidet, mit einem winzigen ausgestopften roten Vogel auf jeder Schulter, ging er den Regierungstruppen entgegen. Dabei sang er sein Sterbelied.

Das Sterbelied
des Häuptlings Red Bird

Ich bin bereit.
Ich will nicht in Ketten gelegt werden.
Laßt mich frei.
Ich habe mein Leben aufgegeben –
[Er bückt sich, greift nach etwas Staub und bläst ihn weg.]
– es ist fort wie dieser Staub!
Ich würde es nicht zurücknehmen.
Es ist schon vorbei.

Chief Joseph
gibt den Kampf auf

Ich bin müde vom Kämpfen. Unsere Häuptlinge sind getötet worden. Looking Glass ist tot. Toohool-hool-suit ist tot. Die alten Männer sind tot. Der, der die jungen Männer führte, ist tot. Jetzt haben die jungen Männer das Sagen. Es ist kalt, und wir haben keine Decken. Die kleinen Kinder erfrieren. Einige von uns sind in die Berge geflohen. Sie haben nichts zu essen und keine Decken. Niemand weiß, wo sie sind – vielleicht erfrieren sie. Ich möchte Zeit haben, um meine Kinder zu suchen und zu sehen, wie viele ich finden kann. Vielleicht finde ich sie bei den Toten. Meine Häuptlinge, hört, ich bin müde. Mein Herz ist traurig und krank. Die Sonne ist mein Zeuge: Ich werde nie wieder kämpfen.[1]

Die folgende Rede von Chief Joseph (Joseph the Younger) erschien 1879 als Beitrag in einer der angesehensten amerikanischen Zeitschriften, der ›North American Review‹. Von einigen Erläuterungen abgesehen, braucht Chief Josephs Schilderung – vielleicht die ausdrucksvollste Verteidigungsrede eines nordamerikanischen Indianers, die wir besitzen – weder Kommentar noch Einführung. In einfachen, offenen, mitreißenden Worten schildert Joseph die epische Geschichte der Nez Percés, ihres Niedergangs, der durch die Einwanderung der Weißen verursacht wurde.

---

1 H. J. Spinden, The Nez Perché Indians, S. 243.

CHIEF JOSEPH

Chief Joseph (1832–1904} war eine charismatische Persönlichkeit und einer der bedeutendsten Häuptlinge der Nez Percés. Dieser Indianerstamm bestand aus auffallend schönen Menschen und hatte ein ungewöhnliches geistiges und kulturelles Niveau.

Chief Joseph

Wir verlangen, als Menschen anerkannt zu werden

Meine Freunde: Man hat mich gebeten, euch mein Herz zu öffnen. Ich freue mich, die Gelegenheit dazu zu haben. Ich hoffe und wünsche, daß die Weißen mein Volk verstehen. Einige von euch glauben, Indianer seien wilde Tiere. Das ist ein Irrtum. Ich werde euch von meinem Volk erzählen. Danach könnt ihr entscheiden, ob wir Indianer Menschen sind oder nicht.

Ich bin überzeugt, daß viel Blutvergießen vermieden werden könnte, wenn wir einander mehr unsere Herzen öffnen würden.

Ich möchte euch auf meine Weise erzählen, wie der Indianer die Welt sieht. Der Weiße verfügt über mehr Worte, um sie zu beschreiben. Doch es braucht nicht viele Worte, um die Wahrheit zu sagen. Was ich zu sagen habe, kommt aus meinem Herzen. Ich werde mit ungespaltener Zunge reden. Der Große Geist blickt auf mich herab. Er wird mich hören.

Ich heiße In-mut-too-yah-lat-lat[1]. Ich bin der Häuptling der Wallam-wat-kin von Chute-pa-lu oder Nez Percés. Ich wurde vor achtunddreißig Wintern in

---

1 Der Name bedeutet ›Wandernder-Donner-über-den-Bergen‹.

Ost-Oregon geboren. Bevor ich Häuptling wurde, war es mein Vater. Als junger Mann wurde er von Mr. Spaulding, einem Missionar, Joseph genannt. Er ist vor ein paar Jahren gestorben. Seine Hände waren nicht vom Blut eines einzigen Weißen befleckt. Er hat mir und meinem Volk ein gutes Beispiel hinterlassen.

Unsere Väter gaben uns viele Gesetze, die sie von ihren Vätern übernommen hatten. Diese Gesetze waren gut. Sie lehrten uns, alle Menschen in derselben Weise zu behandeln, wie wir von ihnen behandelt würden: daß wir nie einen Vertrag brechen sollen; daß es entwürdigend sei zu lügen; daß wir stets die Wahrheit sagen sollen; daß es für einen Mann entehrend sei, einem anderen die Frau oder dessen Besitz zu nehmen, ohne dafür zu bezahlen. Sie lehrten uns zu glauben, daß der Große Geist alles sieht und hört und daß er niemals vergißt. Und daß er dem Geist jedes Verstorbenen eine Heimat gibt; den Guten eine gute, den Schlechten eine schlechte. Daran glaube ich, und daran glauben alle meine Leute.

Wir wußten nicht, daß es außer Indianern noch andere Menschen gibt, bis vor hundert Wintern Männer mit weißen Gesichtern in unser Land kamen. Sie brachten viele Dinge mit, um sie gegen Häute und Felle zu tauschen. Sie brachten Tabak mit, der für uns etwas Neues war. Sie brachten Gewehre mit Feuersteinen, wovor sich unsere Frauen und Kinder fürchteten. Unsere Väter konnten mit den weißgesichtigen Männern nicht sprechen. Doch die Weißen verwendeten Zeichen, die jeder Mensch versteht.

Diese Männer waren Franzosen. Weil wir zum Schmuck Ringe in den Nasen trugen, nannten sie uns ›Nez Percé‹. Heute trägt kaum jemand von uns einen solchen Ring, aber man nennt uns immer noch so.

Die französischen Trapper haben unseren Vätern viele Dinge erzählt. Sie schlugen Wurzeln in unseren Herzen. Manche waren gut, manche waren schlecht. Unsere Väter waren über die Fremden geteilter Meinung. Einige sagten, sie brächten mehr Schlechtes als Gutes. Der Indianer achtet einen tapferen Mann, aber er verachtet den Feigling. Er liebt Worte der Wahrheit, aber er haßt die gespaltene Zunge. Die französischen Trapper erzählten Wahres und Unwahres.

Die ersten weißen Männer eures Volkes, die in unser Land kamen, hießen Lewis und Clark.[2] Sie brachten ebenfalls viele Dinge mit, die unsere Vorfahren nicht kannten. Sie sprachen mit ungespaltener Zunge, und unsere Vorfahren veranstalteten ein großes Fest für sie, um zu zeigen, daß in ihren Herzen Freundschaft wohnte.

Diese Männer waren sehr freundlich. Sie machten unseren Häuptlingen Geschenke, und wir machten ihnen Geschenke. Wir hatten sehr viele Pferde. Wir gaben ihnen so viele, wie sie brauchten, und sie schenkten uns Tabak und Gewehre. Alle Nez Percés schlossen Freundschaft mit Lewis und Clark und ließen sie durch ihr Land ziehen. Nie sollte Krieg zwischen ihnen sein. Diese Vereinbarung wurde von den Nez Percés immer eingehalten. Ein Weißer, der

---

2 Amerikanische Forschungsreisende.

behauptet, wir hätten den Frieden gebrochen, spricht mit gespaltener Zunge.

Es war seit jeher der Stolz der Nez Percés, Freunde der Weißen zu sein.

Als mein Vater jung war, kam ein weißer Mann[3] in unser Land. Er sprach von den Geboten des Großen Geistes. Weil er Gutes sagte, gewann er die Zuneigung unseres Volkes. Zunächst erzählte er nichts über die Weißen, die unser Land besiedeln wollten. Es war keine Rede davon, bis vor etwa zwanzig Wintern einige Weiße in unser Land kamen, Häuser bauten und Felder bestellten.

Zunächst hatten wir nichts dagegen. Wir waren der Ansicht, daß Platz genug für alle wäre, um friedlich miteinander zu leben. Außerdem lernten wir vieles von den Weißen, das uns gut schien.

Wir sahen jedoch bald, daß die Weißen sehr schnell reich wurden und begierig auf das waren, was den Indianern gehörte. Mein Vater war der erste, der die Machenschaften der Weißen durchschaute.

Er schärfte seinen Leuten ein, beim Handel mit Weißen vorsichtig zu sein. Er mißtraute Männern, die nur eins im Kopf hatten: Geld zu machen. Ich war damals ein Junge. Aber ich erinnere mich sehr gut an das Mißtrauen meines Vaters. Er hatte schärfere Augen als die übrigen seines Stammes.

Dann kam ein weißer Offizier, der alle Nez Percés zu einer Vertragsverhandlung einlud.[4] Nachdem die Verhandlung begonnen hatte, öffnete er uns sein Herz. Er sagte, es seien sehr viele Weiße im Land,

---

[3] Reverend Spaulding.
[4] Gouverneur Isaac Thaddeus Stevens vom Washington Territorium.

und es würden noch mehr kommen. Daher wolle er gerne das Land aufteilen, damit Indianer und Weiße getrennt voneinander leben könnten. Er sagte, um des Friedens willen müßten die Indianer ein Land für sich haben, und darin müßten sie bleiben. Mein Vater, der Vertreter seines Stammes, lehnte das ab. Er wollte ein freier Mann sein. Er war der Meinung, daß keinem Menschen ein Teil der Erde gehöre. Daher könne auch kein Mensch verkaufen, was ihm nicht gehöre.

Mr. Spaulding ergriff den Arm meines Vaters und sagte: »Komm, unterschreib den Vertrag.« Mein Vater stieß ihn von sich und sagte: »Warum drängst du mich, mein Land wegzugeben? Deine Sache ist es, mit uns über die Dinge des Geistes zu sprechen, und nicht, uns zu überreden, unser Land zu verlassen.« Gouverneur Stevens drängte meinen Vater, den Vertrag zu unterzeichnen. »Ich werde dein Papier nicht unterzeichnen«, sagte er. »Du gehst, wohin es dir gefällt, und das mache ich ebenfalls. Du bist kein Kind, und ich bin kein Kind. Ich kann selber denken. Niemand anders kann für mich denken. Ich habe kein anderes Land außer diesem. Ich werde es keinem Menschen geben. Mein Volk würde sonst keine Heimat mehr haben. Nimm dein Papier weg. Ich will es nicht mit meiner Hand berühren.«

Mein Vater verließ die Versammlung. Einige Häuptlinge der anderen Nez-Percé-Stämme unterzeichneten den Vertrag, und Gouverneur Stevens schenkte ihnen dafür Decken. Mein Vater warnte seine Leute, Geschenke anzunehmen. Er sagte: »Später wird es heißen, ihr hättet die Bezahlung für euer Land angenommen.«

Seit dieser Zeit haben vier Stämme der Nez Percés von den Vereinigten Staaten Jahresgelder bekommen.

Mein Vater wurde zu vielen Versammlungen eingeladen. Sie setzten ihm hart zu, damit er den Vertrag unterschriebe, aber er war steinhart und unterschrieb nicht. Seine ablehnende Haltung verursachte unter den Nez Percé Uneinigkeit.

Acht Jahre später[5] fand eine weitere Verhandlung statt. Ein Häuptling, der Lawyer genannt wurde, weil er ein großer Redner war, übernahm die Leitung der Verhandlung und verkaufte fast das gesamte Land der Nez Percé. Mein Vater war nicht dabei. Er sagte zu mir: »Wenn du zu Verhandlungen mit dem weißen Mann gehst, denke stets an dein Land. Gib es nicht fort. Der weiße Mann wird dich um deine Heimat betrügen. Ich habe niemals eine Bezahlung von den Vereinigten Staaten angenommen. Ich habe niemals unser Land verkauft.«

Bei diesem Vertrag handelte Lawyer ohne die Befugnis unseres Stammes. Er hatte kein Recht, das Wallowa-Land zu verkaufen.[6] Dieses Land gehörte seit alten Zeiten dem Stamm meines Vaters. Die anderen Stämme hatten niemals unsere Rechte darauf in Frage gestellt. Und nie hatten andere Indianer das Wallowa-Land für sich beansprucht.

Um jedem zu zeigen, wieviel Land uns gehörte, umgab es mein Vater mit Grenzpfählen und sagte: »Innerhalb dieser Grenze lebt mein Stamm – der weiße Mann darf sich das Land außerhalb nehmen. Alle un-

---

5 1863
6 ›Wallowa-Land‹ heißt wörtlich übersetzt ›Land des windenden Wassers‹.

sere Leute wurden innerhalb dieser Grenze geboren. Sie umschließt die Gräber unserer Väter. Wir werden diese Gräber niemals einem anderen überlassen.«

Die Vereinigten Staaten behaupteten, sie hätten das gesamte Land der Nez Percés außerhalb der Lapwai-Reservation von Lawyer und anderen Häuptlingen gekauft. Trotzdem lebten wir weiterhin auf diesem Land in Frieden, bis vor acht Jahren weiße Männer anfingen, die Grenze zu verletzen, die mein Vater gezogen hatte. Wir machten sie auf den Rechtsbruch aufmerksam, dennoch wollten sie unser Land nicht verlassen. Es gab böses Blut. Die Weißen erzählten, wir seien auf dem Kriegspfad. Sie verbreiteten viele Unwahrheiten über uns.

Die Regierung der Vereinigten Staaten schlug erneut eine Vertragsverhandlung vor. Inzwischen war mein Vater alt und blind geworden und konnte seinen Stamm nicht länger vertreten. Damals wurde ich anstelle meines Vaters Häuptling. Bei dieser Versammlung hielt ich meine erste Rede an die Weißen. Ich sagte zum Indianerbeauftragten, der die Versammlung leitete: »Ich wollte nicht zu dieser Verhandlung kommen, dann aber kam ich in der Hoffnung, sinnloses Blutvergießen zu verhindern. Der weiße Mann hat kein Recht, zu kommen und uns unser Land zu nehmen. Wir haben niemals Geschenke der Regierung entgegengenommen. Weder Lawyer noch andere Häuptlinge hatten das Recht, unser Land zu verkaufen. Es gehört uns seit alten Zeiten. Unbeschwert kam es von unseren Vätern auf uns. Wir werden dieses Land verteidigen, solange ein Tropfen indianischen Blutes die Herzen unserer Männer wärmt.«

Der Indianerbeauftragte sagte, er habe vom Großen Weißen Häuptling in Washington den Auftrag erhalten, uns in die Lapwai-Reservation zu bringen. Würden wir gehorchen, könnten wir mit seiner Hilfe rechnen. »Ihr müßt in die Reservation gehen«, sagte er. Ich antwortete: »Ich werde es nicht tun. Ich brauche deine Hilfe nicht. Wir haben genug, und wir sind glücklich und zufrieden, wenn der weiße Mann uns alleinläßt. Die Reservation ist für derart viele Menschen und ihre Herden zu klein. Du kannst deine Geschenke behalten. Wir können in eure Dörfer gehen und alles bezahlen, was wir brauchen. Wir haben Pferde und Rinder zu verkaufen. Wir brauchen eure Hilfe nicht. Jetzt sind wir frei, jetzt können wir hingehen, wo wir wollen. Auf diesem Land wurden unsere Väter geboren. Hier haben sie gelebt, hier sind sie gestorben, hier sind ihre Gräber. Wir werden sie niemals verlassen.«

Der Indianerbeauftragte ging, und man ließ uns eine Zeitlang in Frieden. Bald darauf schickte mein Vater nach mir. Er lag im Sterben. Ich legte seine Hand in meine. Er sagte: »Mein Sohn, mein Körper kehrt zu unserer Mutter, der Erde, zurück. Bald wird mein Geist den Großen Häuptling der Geister sehen. Wenn ich fort bin, vergiß dein Land nicht. Du bist Häuptling dieser Menschen. Sie schauen auf dich, damit du ihnen den Weg weist. Denke immer daran, daß dein Vater niemals sein Land verkauft hat. Wann immer du aufgefordert wirst, einen Vertrag zu unterzeichnen, der deine Heimat verkauft, mußt du deine Ohren verstopfen. Noch ein paar Jahre, und überall um dich herum werden weiße Männer sein. Sie haben ihr Auge auf dieses Land geworfen. Mein Sohn, vergiß niemals meine letzten Worte. Dieses Land birgt das Grab deines Vaters. Verkaufe niemals die Knochen deines Vaters und deiner Mutter.«

Ich drückte die Hand meines Vaters und versprach, sein Grab mit meinem Leben zu schützen. Mein Vater lächelte und ging in das Land der Geister.

Ich begrub ihn im schönen Tal des sich windenden Wassers. Ich liebe dieses Stückchen Erde mehr als die ganze übrige Welt. Ein Mann, der nicht das Grab seines Vaters liebt, ist erbarmungsloser als ein wildes Tier.

Für kurze Zeit ließ man uns in Ruhe. Aber das konnte nicht lange so bleiben. Weiße Männer hatten in den Bergen beim sich windenden Wasser Gold gefunden. Sie stahlen uns viele Pferde, wir konnten sie jedoch nicht zurückbekommen, weil wir Indianer waren. Die weißen Männer logen und deckten sich gegenseitig durch Lügen.

Sie trieben viele unserer Rinder fort. Einige Weiße markierten unser Jungvieh mit ihrem Brandzeichen. Damit machten sie es zu ihrem Eigentum. Wir hatten keinen Freund, der unsere Sache vor Gericht vertreten hätte. Mir kam es vor, als würden einige Weiße in Wallowa das alles nur in der Absicht tun, uns zum Krieg zu provozieren. Sie wußten, daß wir nicht stark genug waren, um gegen sie zu kämpfen.

Mit allen Kräften versuchte ich, Aufruhr und Blutvergießen zu verhindern. In der Hoffnung, daß man uns in Frieden leben ließe, überließen wir einen Teil unseres Landes den Weißen. Wir irrten uns. Der weiße Mann wollte uns nicht alleinlassen. Wir hätten uns des öfteren rächen können, taten es aber nicht. Wann immer die Regierung uns aufforderte, sie im Kampf gegen andere Indianer zu unterstützen, lehnten wir ab.

Als die Weißen noch wenige und wir stark waren, hätten wir sie alle töten können. Aber die Nez Percés wollten in Frieden leben. Es ist nicht unsere Schuld, daß wir das nicht konnten. Ich glaube, daß der alte Vertrag in seiner richtigen Form niemals bekannt geworden ist. Sofern wir jemals die Besitzer unseres Landes waren, sind wir es immer noch, denn wir haben es nie verkauft. In den Vertragsverhandlungen haben die Regierungsbevollmächtigten jedoch immer behauptet, unser Land sei rechtskräftig an die Regierung verkauft worden.

Nehmen wir an, ein Weißer kommt zu mir und sagt: »Joseph, mir gefallen deine Pferde, ich möchte sie kaufen.« Ich sage darauf: »Nein, meine Pferde gefallen mir, ich will sie nicht verkaufen.« Daraufhin geht er zu meinem Nachbarn und sagt: »Joseph hat ein paar gute Pferde. Ich möchte sie haben, aber er will sie nicht verkaufen.«

Mein Nachbar sagt: »Gib mir das Geld, ich werde dir Josephs Pferde verkaufen.« Der weiße Mann kommt wieder zu mir und sagt: »Joseph, ich habe deine Pferde gekauft, jetzt mußt du sie mir geben.« Sollten wir unser Land verkauft haben, so ist das die Art und Weise, wie es von der Regierung gekauft wurde. Aufgrund des Vertrages, den andere Gruppen der Nez Percés mit der Regierung der Vereinigten Staaten geschlossen hatten, behaupteten einige Weiße, mein Land gehöre ihnen. Sie kamen über die Grenze und stifteten Unruhe. Einige dieser Männer waren gut, und wir lebten mit ihnen in Frieden; aber nicht alle waren gut.

Fast jedes Jahr kam der Indianerbeauftragte von Lapwai herüber und forderte uns auf, in die Reservation zu gehen. Wir antworteten stets, wir seien mit unserem Leben in Wallowa zufrieden. Wir achteten darauf, weder Geschenke noch Jahresgelder von ihm anzunehmen.

Seit die Weißen nach Wallowa gekommen waren, haben sie und jene Nez Percés, die den Vertrag unterzeichnet haben, uns Jahr um Jahr bedroht und verhöhnt. Sie ließen uns nicht in Ruhe. Wir hatten unter den Weißen einige gute Freunde. Sie haben uns immer geraten, Hohn und Spott zu ertragen und uns nicht provozieren zu lassen. Unsere jungen Männer waren aufbrausend und hitzig. Ich hatte alle Mühe, sie von unbesonnenen Handlungen abzuhalten. Seit meiner Jugend hatte ich eine schwere Last zu tragen. Damals erkannte ich, daß wir nur wenige waren, die Weißen dagegen so viele, daß wir ihnen nicht standhalten konnten. Wir waren wie Rehe. Sie waren wie Grizzlybären. Wir hatten ein kleines Land. Ihr Land war groß. Wir waren damit zufrieden, daß alle Dinge so blieben, wie der Große Geist sie erschaffen hatte. Sie nicht; sie wollten Berge und Flüsse verändern, wenn sie ihnen nicht gefielen.

Jahr für Jahr wurden wir bedroht, aber nie wurde Krieg gegen uns geführt bis zu dem Tag, als General Howard vor zwei Jahren in unser Land kam und mitteilte, er sei der oberste weiße Kriegshäuptling in unserem Gebiet. Er sagte: »Ich habe viele Soldaten hinter mir. Ich werde sie herbringen, und dann werde ich erneut mit euch sprechen. Ich dulde nicht, daß die Weißen über mich spotten, wenn ich das nächste Mal komme. Dieses Land gehört der Regierung. Ich bin fest entschlossen, euch in die Reservation zu bringen.«

Ich protestierte gegen das Einrücken weiterer Soldaten ins Nez-Percés-Gebiet. Er hatte bereits Fort Lapwai mit kampfbereiten Truppen belegt.

Im nächsten Frühling schickte mir der Beauftragte der Umatilla-Agency einen indianischen Läufer mit der Aufforderung, General Howard in Walla Walla zu treffen. Ich selbst konnte nicht kommen, schickte aber meinen Bruder und fünf weitere Häuptlinge. Sie hatten eine lange Unterredung.

General Howard sagte: »Ihr habt aufrichtig gesprochen, das ist gut so. Ihr könnt in Wallowa bleiben.« Er bestand darauf, daß mein Bruder und seine Leute ihn nach Fort Lapwai begleiteten. Als sie dort ankamen, schickte General Howard Läufer aus. Er berief alle Indianer zu einer großen Versammlung. Ich nahm an dieser Versammlung teil. Ich sagte zu General Howard: »Wir sind bereit zu hören.« Er antwortete, er werde nicht sofort, sondern erst am nächsten Tag sprechen, dann aber klar und deutlich. Ich sagte zu General Howard: »Ich bin heute zum Gespräch bereit. Ich habe an vielen Versammlungen teilgenommen, aber ich bin dadurch nicht klüger geworden. Wir alle wurden von einer Frau geboren, obwohl wir in vielen Dingen so verschieden sind. Wir können nicht wieder neu geboren werden. Du bist, wie du geboren wurdest, und wie du erschaffen wurdest, mußt du bleiben. Wir sind so, wie uns der Große Geist erschaffen hat, und du kannst uns nicht ändern. Warum sollten sich die Kinder eines Vaters und einer Mutter streiten – warum sollten sie versuchen, einander zu betrügen? Ich glaube nicht, daß der Große

Geist einer Rasse das Recht gab, der anderen zu befehlen, was sie tun müsse.«

General Howard antwortete: »Stellst du meine Autorität in Frage? Du willst mir Vorschriften machen, ja?«

Darauf erhob sich Too-hool-hool-suit – einer meiner Häuptlinge – und sagte zu General Howard: »Der Große Geist erschuf die Welt so, wie sie ist, so, wie es ihm gefallen hat. Einen Teil erschuf er für uns, damit wir darauf leben. Ich begreife nicht, wo du das Recht hernimmst zu sagen, daß wir nicht in dem Land leben dürften, das er uns gab.«

General Howard verlor die Beherrschung und sagte: »Halt's Maul! Ich will nichts mehr davon hören. Das Gesetz gebietet euch, in die Reservation zu gehen, und dort müßt ihr bleiben. Und ich verlange, daß ihr gehorcht. Ihr aber besteht darauf, das Gesetz zu mißachten. Wenn ihr nicht geht, nehme ich die Sache in die Hand. Dann werdet ihr für euren Starrsinn büßen müssen.«

Too-hool-hool-suit antwortete: »Wer bist du, daß du mich bittest zu sprechen und mir dann sagst, daß ich nicht sprechen darf? Bist du der Große Geist? Hast du die Welt erschaffen? Hast du die Sonne gemacht? Hast du die Flüsse fließen lassen, damit wir trinken können? Hast du das Gras wachsen lassen? Hast du all diese Dinge gemacht, daß du mit uns sprichst wie mit kleinen Jungen? Wenn du es warst, dann hast du das Recht, so mit uns zu sprechen.«

General Howard erwiderte: »Du bist unverschämt. Ich werde dich einsperren.« Dann befahl er einem Soldaten, Too-hool-hool-suit zu verhaften.

Too-hool-hool-suit leistete keinen Widerstand. Er

fragte General Howard: »Ist das dein Befehl? Es geht mich nichts an. Ich habe dir mein Herz gezeigt. Ich kann nichts zurücknehmen. Ich habe für mein Land gesprochen. Du kannst mich verhaften, aber du kannst mich nicht ändern. Du kannst mich auch nicht zwingen, das zurückzunehmen, was ich gesagt habe.«

Die Soldaten traten vor, nahmen meinen Freund fest und führten ihn zur Wache. Meine Männer überlegten, wie sie sich verhalten sollten. Ich riet ihnen, sich zu fügen. Wenn wir uns gewehrt hätten, wären alle Weißen einschließlich General Howard auf der Stelle getötet worden. Aber ich wußte, daß man uns dafür die Schuld geben würde. Wenn ich nichts gesagt hätte, hätte es mit General Howards ungerechten Befehlen gegen meine Männer ein Ende gehabt. Ich sah die Gefahr, während sie Too-hool-hool-suit zum Gefängnis brachten, stand ich auf und sagte: »Jetzt spreche ich. Es ist mir gleich, ob du mich verhaftest oder nicht.« Ich wandte mich an meine Leute und sagte: »Die Verhaftung von Too-hool-hool-suit geschah zu Unrecht, aber wir werden diese Beleidigung hinnehmen. Wir wurden zu dieser Versammlung mit der Aufforderung eingeladen, unsere Herzen zu öffnen. Das haben wir getan.« Too-hool-hool-suit blieb fünf Tage in Haft.

Die Versammlung wurde für diesen Tag beendet. Am nächsten Morgen kam General Howard in mein Zelt und lud mich ein, mit ihm und White Bird und Looking Glass Land für meine Leute auszusuchen. Auf der Suche kamen wir in ein gutes Land, das bereits von Indianern und Weißen bewohnt war. General Howard zeigte auf dieses Land und sagte: »Wenn ihr in die Reservation kommt, werde ich euch dieses Gebiet geben und die Leute dort umsiedeln.«

Ich erwiderte: »Nein. Es wäre ungerecht, diese Menschen zu stören. Ich habe kein Recht, ihnen ihre Häuser zu nehmen. Ich habe niemals etwas genommen, was mir nicht gehört hat. Ich will es auch jetzt nicht.«

Wir ritten den ganzen Tag durch die Reservation, ohne gutes, unbewohntes Land zu finden. Männer, die niemals lügen, haben mir mitgeteilt, daß General Howard noch in derselben Nacht einen Brief abschickte, worin er den Soldaten in Walla Walla Befehl erteilte, ins Wallowa-Tal vorzustoßen und uns nach unserer Rückkehr aus unserer Heimat zu vertreiben.

Während der Versammlung am nächsten Tag teilte mir General Howard in arrogantem Ton mit, er gebe meinen Leuten dreißig Tage Zeit heimzukehren, ihr Vieh zusammenzutreiben und in die Reservation zu übersiedeln. Er sagte: »Wenn ihr innerhalb dieser Frist nicht hier eintrefft, nehme ich an, daß ihr kämpfen wollt. Dann werde ich meine Soldaten schicken, um euch anzutreiben.«

Ich sagte: »Der Krieg ist zu vermeiden, und er sollte vermieden werden. Ich will keinen Krieg. Meine Leute sind immer Freunde der Weißen gewesen. Warum hast du es so eilig? In dreißig Tagen kann ich für die Übersiedlung nicht bereit sein. Unser Vieh ist über das Land verstreut, und der Snake River hat Hochwasser. Laß uns bis zum Herbst warten, dann ist der Fluß niedrig. Wir brauchen Zeit, unser Vieh zusammenzutreiben und Vorräte für den Winter zu sammeln.«

General Howard erwiderte: »Wenn ihr die Frist auch nur um einen Tag überschreitet, werden die Soldaten euch in die Reservation treiben, und eure Rinder und Pferde, die außerhalb der Reservation sind, werden den Weißen in die Hände fallen.«

Ich wußte, daß ich nie mein Land verkauft hatte und auch keines in Lapwai besaß; aber ich wollte Blutvergießen verhindern. Ich wollte nicht, daß meine Leute umgebracht würden. Ich wollte nicht, daß irgend jemand getötet würde. Einige meiner Leute waren von Weißen ermordet worden, und die weißen Mörder wurden nie dafür bestraft. Das teilte ich General Howard mit und sagte noch einmal, daß ich keinen Krieg wolle. Ich wollte, daß die Menschen, die in dem Gebiet lebten, in das ich ziehen sollte, genug Zeit hätten, ihre Ernte einzubringen.

Mein Herz sagte mir, es sei besser, mein Land aufzugeben als Krieg zu führen. Ich war bereit, das Grab meines Vaters aufzugeben. Ich war bereit, alles und jedes aufzugeben, um zu verhindern, daß die Hände meiner Leute sich mit dem Blut von Weißen färbten.

General Howard wollte mir nicht mehr als dreißig Tage für die Übersiedlung meines Volkes und unserer Herden geben. Ich bin sicher, daß er gleichzeitig mit den Kriegsvorbereitungen begann.

Als ich nach Wallowa zurückkehrte, fand ich meine Leute in heller Aufregung. Sie hatten entdeckt, daß die Soldaten bereits in Wallowa waren. Wir hielten eine Versammlung ab, worin wir beschlossen, sofort aufzubrechen, um Blutvergießen zu verhindern.

Too-hool-hool-suit, der sich durch die Verhaftung entehrt fühlte, war für Krieg. Seine Worte bewirkten, daß viele meiner jungen Männer lieber kämpfen wollten, als wie Hunde aus dem Land gejagt zu werden, in dem sie zur Welt gekommen waren. Er erklärte, allein Blut könne die Schmach abwaschen, die General Howard ihm angetan habe. Solchen Worten standzuhalten, brauchte es ein starkes Herz. Aber ich redete auf meine Leute ein, ruhig zu bleiben und keinen Krieg zu beginnen.

Wir trieben alles Vieh zusammen, das wir finden konnten, und machten uns für den Aufbruch bereit. Wir ließen viele Pferde und Rinder in Wallowa zurück, und einige hundert verloren wir beim Überqueren des Flusses. Aber wir alle kamen sicher ans andere Ufer.

Ein Großteil der Nez Percés traf sich im Rocky Canyon zu einer großen Versammlung. Ich ging mit allen meinen Leuten dorthin. Diese Versammlung dauerte zehn Tage. Hier wurde viel vom Krieg geredet; die Leute waren aufgebracht. Dort war auch ein junger Krieger, dessen Vater fünf Jahre zuvor von einem Weißen getötet worden war. Dieser Mann machte böses Blut. Als er die Versammlung verließ, forderte er Rache. Wieder riet ich zum Frieden. Ich dachte, die Gefahr sei vorüber. Wir hatten General Howards Befehl nicht gehorcht, weil wir nicht konnten, aber wir wollten es so bald wie möglich tun.

Ich wollte gerade die Versammlung verlassen, um für meine Familie Rinder zu schlachten, als die Nachricht eintraf, daß der junge Mann, dessen Vater getötet worden war, mit mehreren heißblütigen jungen Kriegern vier Weiße getötet habe. Er war mitten in die Versammlung geritten und hatte geschrien: »Was sitzt ihr hier wie Weiber? Der Krieg hat längst begonnen!« Ich war tieftraurig. Alle Zelte außer meinem und dem meines Bruders waren fort. Als ich erfuhr, daß meine jungen Männer insgeheim Waffen und Munition gekauft hatten, war mir klar, daß der Krieg unabwendbar war. Dann hörte ich, daß es Too-hool-hool-suit (dem Mann, den General Howard eingesperrt hatte) gelungen war, einen Teil meiner Männer für den Krieg zu gewinnen. Ich wußte, daß ihre Aktionen meinen ganzen Stamm in diesen Krieg hineinziehen würden. Ich wußte, daß jetzt der Krieg nicht mehr zu verhindern wäre. Die Zeit war vorbei.

Von Anfang an hatte ich zum Frieden geraten. Ich wußte, daß unsere Kräfte zu schwach waren, um gegen die Vereinigten Staaten zu kämpfen. Wir hatten Grund genug zur Klage, aber ich wußte, daß uns dieser Krieg mehr davon bringen würde. Wir hatten gute Freunde unter den Weißen, die uns zum Frieden rieten. Mein Freund und Bruder, Mr. Chapman, der uns seit unserer Niederlage begleitet hat, sagte uns voraus, wie dieser Krieg enden würde. Mr. Chapman ergriff Partei gegen uns und half General Howard. Das soll kein Vorwurf gegen ihn sein. Er hat sich nach Kräften bemüht, Blutvergießen zu verhindern. Wir hofften, daß sich die weißen Siedler nicht mit den Soldaten verbünden würden. Vor Ausbruch des Krieges hatten wir darüber gesprochen, und viele meiner Leute waren dafür gewesen, die Siedler zu warnen. Wenn sie im Falle eines von General Howard begonnenen Krieges nicht gegen uns Partei ergriffen, sollten sie von uns nichts zu befürchten haben. Dieser Plan wurde jedoch im Kriegsrat abgelehnt.

Es gab Männer unter uns, die sich mit Weißen gestritten hatten. Sie redeten so lange darüber, was ihnen angetan worden sei, bis sie alle bösen Herzen im Kriegsrat aufgestachelt hatten. Aber ich konnte trotzdem nicht glauben, daß sie den Krieg beginnen würden.

Ich weiß, daß meine jungen Männer Unrecht begangen haben, aber wer hat damit angefangen? Tausendmal sind sie beleidigt worden; ihre Brüder und Väter sind ermordet worden; ihre Frauen und Mütter sind vergewaltigt worden; sie sind vom Whisky, den ihnen weiße Männer verkauft haben, in den Wahnsinn getrieben worden; es ist ihnen von General Howard erklärt worden, daß ihre Pferde und Rinder, die sie nicht aus Wallowa mitnehmen könnten, in die Hände der Weißen fallen sollten; und zu all dem kam, daß sie verzweifelt und heimatlos waren.

Ich hätte mein Leben geopfert, wenn es die Ermordung der Weißen durch meine Leute verhindert hätte. Ich klage meine jungen Männer an, und ich klage die Weißen an. Ich klage General Howard an, daß er meinen Leuten nicht genug Zeit ließ, ihr Vieh aus Wallowa mitzunehmen. Mein Vater und auch ich selbst haben es immer abgelehnt, dieses Land zu verlassen. Es ist noch immer unser Land. Es wird wohl nie wieder unsere Heimat sein, aber mein Vater ruht dort, und ich liebe es so, wie ich meine Mutter liebe. Ich verließ es in der Hoffnung, Blutvergießen zu vermeiden.

Hätte mir General Howard genug Zeit zum Sammeln meiner Herden gelassen, und hätte er Toohool-hool-suit so behandelt, wie man einen Mann behandeln muß, hätte es keinen Krieg gegeben.

Meine Freunde unter den Weißen haben mir die Schuld für diesen Krieg gegeben. Aber ich bin un-

schuldig. Als meine jungen Männer mit dem Töten begannen, war mein Herz verletzt. Und obwohl ich ihnen nicht recht gab, erinnerte ich mich an alle Kränkungen, die ich hatte ertragen müssen, und mein Blut kochte. Doch trotz allem hätte ich mein Volk kampflos ins Land des Büffels geführt, wenn es möglich gewesen wäre.

Ich sah keinen anderen Ausweg, den Krieg zu verhindern. Wir zogen zum White Bird Creek – sechzehn Meilen weiter. Dort schlugen wir unser Lager auf. Wir wollten vor der Übersiedlung unser Vieh sammeln. Aber die Soldaten griffen uns an. Es kam zur ersten Schlacht. Wir zählten in dieser Schlacht sechzig Mann, die Soldaten hundert. Der Kampf hatte gerade ein paar Minuten gedauert, da zogen sich die Soldaten zwölf Meilen vor uns zurück. Wir hatten dreiunddreißig von ihnen getötet und sieben verwundet. Wenn der Indianer kämpft, schießt er, um zu töten; die Soldaten schießen blindlings auf den Feind. Keiner der Soldaten wurde skalpiert. Wir halten nichts vom Skalpieren noch vom Töten Verwundeter. Soldaten töten nur dann einen Indianer, wenn er verwundet auf dem Schlachtfeld zurückbleibt. Nur dann töten sie die Indianer.

Sieben Tage nach der ersten Schlacht stieß General Howard mit siebenhundert weiteren Soldaten ins Nez-Percés-Gebiet vor. Jetzt wurde es ernst. Wir überquerten den Salmon River in der Hoffnung, General Howard würde uns folgen. Wir wurden nicht enttäuscht. Er folgte uns, und wir konnten ihn für drei Tage von seinem Proviant abschneiden. Um den Weg freizukämpfen, schickte er zwei Kompanien gegen uns aus. Wir griffen sie an, töteten einen Offizier, zwei Späher und zehn Soldaten.

In der Annahme, daß die Soldaten uns folgen würden, zogen wir uns zurück. Doch an diesem Tag hatten sie vom Kämpfen genug. Sie verschanzten sich in Gräben. Am nächsten Tag griffen wir sie wieder an. Die Schlacht dauerte den ganzen Tag und wurde am nächsten Morgen fortgesetzt. Wir töteten vier Soldaten und verwundeten sieben oder acht.

Fünf Tage später griff uns General Howard mit dreihundertfünfzig Soldaten und Siedlern an. Wir hatten zweihundertfünfzig Krieger. Der Kampf dauerte siebenundzwanzig Stunden. Wir hatten vier Tote und mehrere Verwundete. General Howards Verluste bestanden aus neunundzwanzig Toten und sechzig Verwundeten.

Am folgenden Tag stürmten die Soldaten unser Lager. Wir zogen uns mit unseren Familien und unserem Vieh einige Meilen zurück. Dabei fielen General Howard achtzig unserer Zelte in die Hände. Da wir wußten, daß wir ihnen nicht standhalten konnten, zogen wir uns ins Bitter-Root-Tal zurück. Hier traf eine andere Abteilung Soldaten auf uns und forderte uns zur Kapitulation auf. Wir lehnten ab. Sie sagten: »An uns kommt ihr nicht vorbei.« Wir antworteten: »Wenn ihr uns laßt, ziehen wir, ohne zu kämpfen, an euch vorbei, aber wir gehen auf jeden Fall an euch vorbei.« Wir trafen ein Abkommen mit diesen Soldaten. Wir erklärten uns bereit, niemanden zu behelligen, und sie erklärten sich bereit, uns in Frieden durchs Bitter-Root-Tal ziehen zu lassen. Wir kauften Proviant und handelten mit den Weißen dort um unser Vieh.

Wir waren der Meinung, daß der Krieg dort zu Ende sei. Wir wollten friedlich ins Land der Büffel ziehen und ließen die Frage nach der Rückkehr in unser eigenes Land offen.

Aufgrund dieser Vereinbarung zogen wir vier Tage lang weiter: In der Meinung, daß die Auseinandersetzung vorbei sei, rasteten wir und fertigten Zeltstangen für die Reise an. Dann brachen wir wieder auf. Zwei Tage später sahen wir, wie drei weiße Männer an unserem Lager vorübergingen. Wir hätten sie töten oder gefangennehmen können, aber wir hegten keinen Verdacht, daß es Kundschafter sein könnten.

In derselben Nacht wurde unser Lager von Soldaten umringt. Als es Tag wurde, ging einer meiner Männer hinaus, um nach seinen Pferden zu sehen. Die Soldaten sahen ihn und schossen ihn ab wie einen Kojoten. Inzwischen weiß ich, daß diese Soldaten nicht die Soldaten waren, mit denen wir verhandelt hatten. Sie waren aus einer anderen Richtung auf uns gestoßen. Der Name des neuen weißen Kriegshäuptlings war Gibbon. Er hatte unser Lager gestürmt, als einige meiner Leute noch schliefen. Es war ein schwerer Kampf. Einige meiner Männer umgingen die Stellung der Soldaten und griffen sie von hinten an. In dieser Schlacht verloren wir fast alle unsere Zelte, aber schließlich gelang es uns, General Gibbon zurückzuschlagen.

Als er sah, daß er uns nicht gefangennehmen konnte, befahl er, seine großen Geschütze aus seinem einige Meilen entfernten Lager bringen zu lassen. Doch inzwischen hatten meine Männer die Geschütze mit aller Munition erobert. Wir zerstörten sie, soweit wir konnten, und schafften Pulver und

Blei beiseite. In der Schlacht mit General Gibbon verloren wir fünfzig Frauen und Kinder und dreißig Krieger. Wir blieben nur so lange, bis wir unsere Toten begraben hatten.

Die Nez Percés führen niemals Krieg gegen Frauen und Kinder. Während des Krieges hätten wir sehr viele Frauen und Kinder töten können, aber wir halten das für feige. Wir würden uns schämen, so zu handeln.

Feinde werden von uns niemals skalpiert. Als sich aber die Truppen von General Howard und General Gibbon vereinigt hatten, gruben ihre indianischen Späher unsere Toten aus und skalpierten sie. Man hat mir erzählt, daß der Befehl zu dieser Schandtat nicht von General Howard stammte.

Wir zogen uns so schnell wie möglich in Richtung Büffelland zurück. Sechs Tage später kam General Howard in unsere Nähe. Wir griffen ihn an und erbeuteten fast alle seine Pferde und Maultiere. Dann zogen wir in Richtung Yellowstone Basin.

Unterwegs nahmen wir einen Weißen und zwei weiße Frauen gefangen. Wir ließen sie nach drei Tagen wieder frei. Sie wurden gut behandelt. Die Frauen sind nicht vergewaltigt worden. Wurde je eine Indianerin drei Tage von weißen Soldaten festgehalten, ohne vergewaltigt zu werden? Wurden die Nez-Percés-Frauen, die General Howards Soldaten in die Hände fielen, gut behandelt? Kein Nez Percé hat jemals ein solches Verbrechen begangen.

Einige Tage später nahmen wir zwei weitere Weiße gefangen. Einer stahl ein Pferd und entkam. Wir gaben dem anderen ein schlechtes Pferd und sagten, er sei frei.

Ein Neuntagesmarsch brachte uns zur Gabelung des Yellowston River. Wir wußten nicht, was aus General Howard geworden war, aber wir nahmen an, daß er nach weiteren Pferden und Maultieren geschickt hatte. Er folgte uns nicht, doch ein weiterer neuer Kriegshäuptling, General Sturgis, griff uns an. Wir hielten ihn in Schach, bis wir unsere Frauen, Kinder und Herden in Sicherheit gebracht hatten. Um unseren Rückzug zu decken, ließen wir ein paar Männer zurück.

Mehrere Tage vergingen. Wir hörten weder etwas von General Howard noch von Gibbon noch von Sturgis. Wir hatten sie der Reihe nach geschlagen, und wir begannen gerade, uns sicherzufühlen, da fiel eine weitere Armee unter General Miles über uns her. Dies war die vierte Armee, mit der wir binnen sechzig Tagen kämpfen mußten. Jede einzelne war größer als unsere Streitkräfte.

Erst kurz vor General Miles' Angriff erfuhren wir von der Existenz seiner Armee. Seine Soldaten trennten unser Lager in zwei Hälften und erbeuteten fast alle unsere Pferde. Ich wurde mit siebzig Männern abgeschnitten. Meine zwölfjährige Tochter war bei mir. Ich gab ihr einen Strick und sagte, sie solle ein Pferd fangen und zu unseren Leuten, die außerhalb des Lagers waren, reiten.

Ich habe sie seitdem nicht wiedergesehen. Aber ich habe erfahren, daß sie lebt und daß es ihr gutgeht.

Ich dachte an meine Frau und meine Kinder, die jetzt von den Soldaten eingeschlossen waren, und ich beschloß, sie zu erreichen oder zu sterben. Mit einem Gebet zum Großen Geist auf den Lippen stürmte ich unbewaffnet durch die Reihen der Soldaten. Überall waren Gewehre, vor und hinter mir. Meine Kleider waren zerfetzt, mein Pferd war verwundet, ich selbst aber blieb unverletzt. Als ich den Eingang meines Zeltes erreichte, gab mir meine Frau mein Gewehr und sagte: »Hier ist dein Gewehr. Kämpfe!«

Die Soldaten feuerten ununterbrochen. Sechs meiner Männer wurden direkt neben mir getötet. Zehn oder zwölf Soldaten stürmten in unser Lager und eroberten zwei Zelte. Dabei erschossen sie drei Nez Percés. Sie verloren drei Mann, die innerhalb unserer Reihen fielen. Ich rief meinen Männern zu, die Soldaten zurückzutreiben. Wir kämpften dicht gedrängt, nicht mehr als zwanzig Schritte voneinander entfernt, und trieben die Soldaten zu ihrer Hauptlinie zurück. Ihre Toten blieben bei uns zurück. Wir sicherten uns ihre Waffen und Munition. Wir verloren am ersten Tag und in der darauffolgenden Nacht achtzehn Männer und drei Frauen. General Miles' Verluste betrugen sechsundzwanzig Tote und vierzig Verwundete.

Am nächsten Tag schickte General Miles einen Unterhändler mit einer weißen Fahne in mein Lager. Ich schickte meinen Freund Yellow Bull zur Unterredung.

Der Unterhändler gab Yellow Bull zu verstehen, General Miles wünsche, ich möge unsere Lage bedenken. Er wolle meine Leute nicht unnötig töten. Yellow Bull meinte, dies sei eine Aufforderung zur Kapitulation, damit es nicht zu weiterem Blutvergießen komme. Aber er war sich nicht sicher, ob es General Miles damit ernst war. Ich schickte ihn mit der Antwort zurück, daß ich noch unentschlossen sei. Aber ich würde darüber nachdenken und ihm meine Entscheidung mitteilen. Kurz darauf schickte General Miles einige Cheyenne-Späher mit einer weiteren Botschaft. Ich ging ihnen entgegen. Sie glaubten, daß General Miles aufrichtig sei und tatsächlich Frieden wünsche. Ich ging weiter bis zu General Miles' Zelt. Er kam mir entgegen, und wir reichten uns die Hände. Er sagte: »Komm, wir setzen uns ans Feuer und reden über die Sache.« Ich blieb die ganze Nacht bei ihm. Am nächsten Morgen kam Yellow Bull herüber, um zu sehen, ob ich noch am Leben sei.

General Miles wollte mich nicht aus dem Zelt lassen. Ich sollte nicht mit Yellow Bull allein sprechen.

Yellow Bull sagte: »Sie haben dich in ihrer Gewalt. Ich fürchte, sie werden dich nie mehr freilassen. Ich habe einen Offizier bei uns im Lager. Ich werde ihn so lange festhalten, bis sie dich freilassen.« Ich sagte: »Ich weiß nicht, was sie mit mir vorhaben. Aber wenn sie mich töten, darfst du den Offizier nicht töten. Es hat keinen Sinn, meinen Tod mit einem Mord zu rächen.«

Yellow Bull kehrte in mein Lager zurück. Ich traf an diesem Tag kein Abkommen mit General Miles. Während ich bei ihm war, begann der Kampf von neuem. Ich war sehr besorgt um meine Leute. Ich wußte, daß wir in der Nähe von Sitting Bulls Lager in King-Georges-Land[7] waren, und ich nahm an, daß die entkommenen Nez Percés mit Verstärkung zurückkehren würden. Keine der Parteien hatte in dieser Nacht größere Verluste.

---

7 dem heutigen Kanada

Am nächsten Morgen kehrte ich in mein Lager zurück. Der von uns gefangengehaltene Offizier kam mir auf halbem Weg entgegen. Meine Leute waren über eine Kapitulation geteilter Meinung. Wir hätten aus den Bear Paw Mountains entkommen können, wenn wir unsere Verwundeten, unsere alten Frauen und unsere Kinder zurückgelassen hätten. Aber das wollten wir nicht. Es ist uns nie zu Ohren gekommen, daß ein verwundeter Indianer in den Händen der Weißen wieder genesen wäre.

Am Abend des vierten Tages kam General Howard mit einer kleinen Eskorte an, zusammen mit meinem Freund Chapman. Jetzt konnten wir offen miteinander reden. General Miles sagte mir geradeheraus: »Wenn du herauskommst und deine Waffen niederlegst, werde ich euer Leben retten und euch in die Reservation schicken.« Ich weiß nicht, was sich zwischen General Miles und General Howard abgespielt hatte.

Ich konnte den Anblick meiner verwundeten Männer und leidenden Frauen nicht länger ertragen; wir hatten schon genug Leute verloren. General Miles hatte uns versprochen, wir könnten mit dem Rest unserer Herden in unser eigenes Land zurückkehren. Ich nahm an, wir könnten wieder aufbrechen. Ich hatte zu General Miles Vertrauen, sonst hätte ich niemals kapituliert. Ich habe gehört, daß er für sein Versprechen gerügt worden sei. Zu jener Zeit hätte er mit mir keine anderen Bedingungen aushandeln können. Ich hätte ihm so lange standgehalten, bis mir meine Freunde zu Hilfe gekommen wären. Dann hätten weder die Generäle noch die Soldaten die Bear Paw Mountains lebend verlassen.

Am fünften Tag ging ich zu General Miles und gab mein Gewehr ab. Ich sagte: »Die Sonne ist mein Zeuge: Ich werde nie wieder kämpfen.« Meine Leute brauchten Ruhe – wir wollten Frieden.

Man sagte mir, wir könnten mit General Miles zum Tongue River gehen und dort bis zum Frühling bleiben. Danach würden wir in unser Land geschickt werden. Aber schließlich wurde beschlossen, daß wir zum Tongue River gehen müßten. Uns blieb nichts anderes übrig.

Nach unserer Ankunft am Tongue River erhielt General Miles den Befehl, uns nach Bismarck zu bringen. Als Begründung hieß es, unser Aufenthalt wäre dort billiger. General Miles war mit diesem Befehl nicht einverstanden. Er sagte: »Ihr dürft mir nicht die Schuld dafür geben. Ich habe versucht, mein Wort zu halten, aber mein Vorgesetzter hat diesen Befehl erteilt. So muß ich gehorchen oder meinen Abschied nehmen. Das würde euch nichts nützen. Dann würde ein anderer Offizier diesen Befehl ausführen.«

Ich glaube, wenn es möglich gewesen wäre, hätte General Miles sein Wort gehalten. Für das, was wir seit unserer Kapitulation erlitten haben, kann ich ihm keine Schuld geben. Ich weiß nicht, wer schuld daran ist. Wir haben alle unsere Pferde abgegeben – über elfhundert – und alle unsere Sättel – über einhundert –, und wir haben seither nichts mehr davon gehört. Irgend jemand hat unsere Pferde bekommen.

General Miles übergab uns einem anderen Offizier, und wir wurden nach Bismarck gebracht. Captain Johnson, der jetzt für uns verantwortlich war, erhielt den Befehl, uns nach Fort Leavenworth zu bringen. Bei Leavenworth mußten wir in einem Flußtal lagern. Zum Kochen und Trinken hatten wir kein frisches Wasser, so mußten wir Flußwasser nehmen. Wir hatten immer in einem gesunden Land gelebt, wo die Berge hoch und wo das Wasser kalt und klar war. Viele meiner Leute wurden krank und starben, und wir begruben sie in fremder Erde. Ich kann nicht sagen, wie sehr das Leid meiner Leute in Leavenworth mein Herz bewegt hat. Der Große Geist muß damals in eine andere Richtung geschaut haben. Er sah nicht, was uns angetan wurde.

Während der heißen Tage erhielten wir die Mitteilung, daß man uns noch weiter von unserer Heimat wegbringen werde. Wir wurden nicht gefragt, ob wir damit einverstanden wären. Man befahl uns, in Eisenbahnwaggons zu steigen. Drei meiner Leute starben auf dem Weg nach Baxter Springs. Es war schlimmer, im Waggon zu sterben, als kämpfend im Gebirge zu fallen.

Von Baxter Springs wurden wir ins Indianer-Territorium gebracht und dort ohne Zelte uns selbst überlassen. Wir hatten fast keine Medizin, und die meisten von uns waren krank. Siebzig meiner Leute sind gestorben, seitdem wir dort sind. Es sind sehr viele Besucher gekommen, die ganz Gegensätzliches erzählt haben. Es kamen auch einige Häuptlinge aus Washington, um uns zu sehen. Sie haben für uns ein Land zum Leben ausgesucht. Aber wir sind nicht dorthin gezogen, weil es kein guter Platz zum Leben ist.

Der Beauftragte des Regierungsausschusses[8] *kam uns besuchen. Ich erzählte ihm, was ich jedem er-*

---

8 Commissioner Chief

zählte: daß ich auf das Einlösen von General Miles'
Wort wartete. Er meinte, dies sei nicht möglich, weil
inzwischen weiße Männer in meiner Heimat lebten,
die das ganze Land aufgeteilt hätten. Wenn ich nach
Wallowa zurückkehren würde, könnte ich nicht in
Frieden leben. Auch seien Haftbefehle gegen meine
jungen Männer ausgestellt worden, weil sie den Krieg
begonnen hätten. Daher könne die Regierung meinem Volk keinen Schutz gewähren. Diese Worte lasteten wie ein schwerer Stein auf meinem Herzen.
Ich erkannte, daß ich bei ihm durch Worte nichts erreichen konnte. Weitere Kongreßmitglieder kamen,
um uns zu sehen. Sie sagten, sie würden mir helfen,
ein gutes Land zu bekommen. Ich wußte nicht, wem
ich glauben sollte. Die Weißen haben zu viele Häuptlinge. Sie verstehen einander nicht. Jeder redet anders.

*Der Beauftragte des Regierungsausschusses lud
mich ein, nach einer besseren Heimat für uns zu suchen. Mir gefällt das Gebiet, das wir westlich der
Osage-Reservation gefunden haben, besser als jedes
andere, das ich in diesem Land gesehen habe; aber es
ist keine gesunde Gegend. Es gibt weder Berge noch
Flüsse. Das Wasser ist warm. Es ist kein gutes Land
für Vieh. Ich glaube nicht, daß meine Leute dort
leben können. Ich habe Angst, daß sie alle sterben.
Die Indianer, die in diesem Land leben, sind am Aussterben. Ich habe Häuptling Hayt versprochen, dorthin zu gehen und das Beste daraus zu machen, bis
die Regierung bereit ist, General Miles' Wort einzulösen. Ich war nicht zufrieden, aber was sollte ich tun?*

*Dann kam der Generalinspekteur in mein Lager,
und wir führten ein langes Gespräch. Er sagte, ich*

müsse eine Heimat in den Bergen im Norden bekommen. Er werde einen Brief an den Großen Häuptling in Washington schreiben. Wieder keimte Hoffnung in meinem Herzen, die Berge von Idaho und Oregon wiederzusehen.

Endlich erhielt ich die Erlaubnis, nach Washington zu gehen und meinen Freund Yellow Bull und unseren Dolmetscher mitzubringen. Ich bin froh, daß wir gekommen sind. Ich habe sehr vielen Freunden die Hand gegeben; aber ich möchte einiges wissen, was mir offenbar niemand erklären kann. Ich verstehe nicht, wie die Regierung einen Mann wie General Miles gegen uns in den Krieg schicken konnte, ohne später sein gegebenes Wort einzuhalten. Irgend etwas ist an einer solchen Regierung falsch. Ich verstehe nicht, warum es so vielen Häuptlingen erlaubt ist, widersprüchliche Meinungen zu äußern und Unterschiedliches zu versprechen.

Ich habe den Großen Vater in Washington gesehen, den Innenminister, den Vorsitzenden des Kongresses und viele andere Mitglieder des Kongresses, und sie alle sagten, sie seien meine Freunde, und versprachen, daß ich gerecht behandelt werden soll. Aber eines verstehe ich nicht: Während ihr Mund das Rechte spricht, geschieht nichts für mein Volk. Ich habe Reden über Reden gehört, aber nichts geschieht.

Gute Worte haben ein kurzes Leben, wenn sie nicht zu Taten werden. Worte machen meine Toten nicht wieder lebendig. Worte zahlen nicht für mein Land, das jetzt von den Weißen besiedelt ist. Worte schützen nicht das Grab meines Vaters. Worte zahlen nicht für meine Pferde und Rinder. Gute Worte werden mir nicht meine Kinder wiedergeben. Gute Worte machen das gebrochene Versprechen von General Miles nicht wieder wett. Gute Worte machen meine Leute nicht gesund und schützen sie nicht vor dem Tod. Gute Worte geben meinem Volk keine Heimat, wo es in Frieden leben und für sich selbst sorgen kann. Ich bin des vielen Geredes müde, das zu nichts führt. Mein Herz ist krank, wenn ich an all die guten Worte und all die gebrochenen Versprechen denke. Es wurde zuviel von Männern geredet, die kein Recht dazu hatten. Zu vieles wurde falsch dargestellt, zu viele Mißverständnisse sind zwischen Indianern und Weißen aufgekommen. Wenn der weiße Mann mit dem Indianer in Frieden leben möchte, so kann er in Frieden leben. Es muß keinen Krieg geben. Behandelt alle Menschen gleich! Gebt allen die gleichen Gesetze! Gebt allen die gleiche Chance zum Leben und zum Gedeihen! Derselbe Große Geist hat alle Menschen erschaffen. Sie alle sind Brüder. Die Erde ist die Mutter aller Menschen, und alle Menschen sollten die gleichen Rechte daran haben. Ihr könnt ebensogut erwarten, daß ein Fluß zurückfließt, als daß ein Mann, der als freier Mann geboren wurde, damit zufrieden ist, eingepfercht und der Freiheit beraubt zu leben. Glaubt ihr, ein Pferd wird satt, wenn ihr es an einen Pfahl bindet? Wenn ihr einen Indianer auf einem kleinen Stück Erde einsperrt und ihn zwingt, dort zu bleiben, wird er nicht zufrieden sein, und er wird weder wachsen noch gedeihen.

Ich habe einige der großen weißen Häuptlinge gefragt, woher sie die Vollmacht hätten, dem Indianer zu befehlen, daß er an einem Ort bleiben müsse, während er zusehen muß, wie die Weißen dorthin gehen, wo es ihnen gefällt. Sie können es mir nicht sagen.

Ich verlange nur, von der Regierung genauso behandelt zu werden wie alle übrigen Menschen. Wenn ich nicht in meine eigene Heimat zurückkehren darf, gebt mir eine Heimat in einem Land, wo meine Leute nicht so schnell sterben. Ich würde gerne ins Bitter-Root-Tal gehen. Dort würden meine Leute gesund werden; wo sie jetzt sind, müssen sie sterben. Seit ich mein Lager verlassen habe, um nach Washington zu kommen, sind drei von ihnen gestorben.

Wenn ich an unser Leben denke, wird mir das Herz schwer. Ich sehe, wie Männer meiner Rasse als Geächtete behandelt und von Land zu Land gejagt oder wie wilde Tiere abgeschossen werden.

Ich weiß, daß sich der Indianer ändern muß. So wie wir jetzt sind, können wir den Weißen nicht standhalten. Wir verlangen nur, so leben zu dürfen, wie andere Menschen leben. Wir verlangen, als Menschen anerkannt zu werden. Wir verlangen, daß das gleiche Gesetz für alle Menschen gleich ist. Wenn ein Indianer das Gesetz bricht, bestraft ihn nach dem Gesetz. Wenn ein Weißer das Gesetz bricht, bestraft ihn genauso.

Laßt mich ein freier Mann sein – frei zum Reisen, frei zum Halten, frei zum Arbeiten, frei zum Handel dort, wo ich möchte, frei in der Wahl meiner Lehrer, frei, dem Glauben meiner Väter zu folgen, frei, um selbst zu denken, zu reden und zu handeln – und ich werde jedes Gesetz achten oder die Strafe auf mich nehmen.

Wenn der weiße Mann mit dem Indianer jemals so umgeht, wie die Weißen miteinander umgehen, dann wird es keinen Krieg mehr geben. Wir werden gleich sein – Brüder eines Vaters und einer Mutter, mit einem Himmel über uns und einem Land um uns und einer Regierung für alle. Dann wird der Große Geist in dieses Land lächeln und Regen schicken, der vom Gesicht der Erde alle Blutflecken wäscht, die durch die Hände von Brüdern entstanden sind. Auf diese Zeit warten die Indianer, und darum beten sie. Ich hoffe, daß nie mehr die Klagen verwundeter Männer und Frauen an das Ohr des Großen Geistes dringen werden, und ich hoffe, daß alle Menschen ein Volk werden.

In-mut-too-yah-lat-lat hat für sein Volk gesprochen.

Zur Geschichte der Fälschung der Rede von Häuptling Seattle

Da William Arrowsmith mit der Fälschung in Zusammenhang gebracht und sein Name gröblich mißbraucht worden ist, muß hier ausführlich darauf eingegangen werden:

In der Ausgabe der Seattle-Rede des Walter-Verlages[1] steht auf Seite 38 der irreführende Hinweis: »Der Text dieser Ausgabe basiert auf einer vom amerikanischen Dichter William Arrowsmith adaptierten Fassung der Originalrede. Die Übersetzung besorgte die Dedo Weigert Film GmbH, München. ...«

Diese Verfälschung der Rede, die Häuptling Seattle als den Urgroßvater der ökologischen Bewegung darstellt, voll von sprachlichen Plattheiten und sachlichen Fehlern (zum Beispiel: »Ich habe tausend verrottende Büffel gesehen«, »Was gibt es schon im Leben, wenn man nicht den Schrei des Ziegenmelkervogels hören kann ...« – In Seattles Gebiet gab es weder Büffel noch Ziegenmelker!), etwa doppelt so lang wie die im ›Seattle Sunday Star‹ 1887 erschienene Fassung von Dr. Henry A. Smith und die rekonstruierte Version von William Arrowsmith, ist das Machwerk der amerikanischen Southern Baptist Conven-

---

1 Wir sind ein Teil der Erde. Die Rede des Häuptlings Seattle vor dem Präsidenten der Vereinigten Staaten von Amerika im Jahre 1855, Olten 1984 (8. Auflage).

tion. Wie ist es dazu gekommen, und wie wurde William Arrowsmith' Name mit der Fälschung in Verbindung gebracht?

1969 veröffentlichte Arrowsmith seine Version der Rede Seattles erstmals in der Zeitschrift ›Arion – A Journal of Humanities and the Classics‹[2]. Das ist genau der Text, der auch mit dieser Edition in Buchform vorgelegt wird. Arrowsmith' Arbeitsmethode zur Herstellung des Textes wird von ihm im einführenden Kommentar zur Rede Seattles ab Seite 17 erläutert.

Beeindruckt von der dichterischen Kraft, bat der Regisseur und Professor für Filmkunst Ted Perry (damals Kollege von William Arrowsmith an der University of Texas) um Erlaubnis, Arrowsmith' Version der Rede als Grundlage für ein Filmskript verwenden zu dürfen. Arrowsmith war mit einer Bearbeitung durch Ted Perry grundsätzlich einverstanden. So entstand der Film *Home,* der 1972 mit großem Erfolg in den USA ausgestrahlt und später auch in Deutschland unter dem Titel *Söhne der Erde* gezeigt wurde.

Der Text des Filmskripts wurde jedoch nach dem Schnitt des Films vom Produzenten, der Southern Baptist Convention, ohne Wissen des Regisseurs und ohne Wissen und Einwilligung von William Arrowsmith – der das Filmskript nie zu Gesicht bekommen hat – umgearbeitet und mit ökologischem Gedankengut aufgebauscht.[3] Doch damit

---

[2] Vol. 8, No. 4, Winter 1969, Austin, University of Texas Press, S. 10–11.
[3] Ted Perry zufolge stammen etwa 50 Prozent des Textes von den Baptisten. (Brief vom 11. Nov. '83 an Rudolph Kaiser.)

nicht genug: Als Urheber dieser teils erfundenen, teils entstellten Version wurde – vermutlich um die Echtheit und Seriosität des Textes vorzuspiegeln – der Name von William Arrowsmith hinzugefügt mit der weiteren unwahren Behauptung, es handele sich bei diesem Text um den Teil eines Briefes von Seattle an Präsident Franklin Pierce. Aufgrund des weltweiten Erfolges des Films wurde auch der Text des Filmskripts, die ›Öko‹-Rede Seattles, in alle Welt verkauft. Im deutschsprachigen Raum ist er unter dem schon genannten Titel *Wir sind ein Teil der Erde* verbreitet. In Schweden wurde der Sachverhalt inzwischen richtiggestellt, die ›Öko‹-Version als Fälschung entlarvt, der Öffentlichkeit bekanntgemacht und William Arrowsmith rehabilitiert. Denn zweifellos hatte die unter seinem Namen in zahlreichen amerikanischen und europäischen Zeitschriften abgedruckte Verfälschung negative Auswirkungen auf seinen Ruf als seriöser Literaturwissenschaftler der USA.

Um auch im deutschsprachigen Raum endlich Klarheit zu schaffen, wies ich im April '83 den Walter-Verlag auf die Verfälschung der Rede und die deshalb widerrechtliche Verwendung des Namens Arrowsmith hin – vorerst ohne Erfolg, denn die 1984 erschienene 8. Auflage von *Wir sind ein Teil der Erde* brachte den Hinweis in unkorrigierter Form.

Als nächstes schrieb ich einen Artikel in der Gartenzeitschrift ›Kraut & Rüben‹[4], worin ich den Sachverhalt knapp darstellte und auch den Text der

---

4 Nr. 1, März '84, Orac-Verlag, Wien, S. 78–83.

Arrowsmithschen Fassung (in meiner Übersetzung) erstmals im deutschen Sprachraum bekanntmachte.

Etwa zur gleichen Zeit schloß auch Rudolph Kaiser seine detaillierte Studie über den abenteuerlichen Weg der Rede Seattles ab.[5]

Die Fakten waren also inzwischen auch in der BRD bekannt. Kurz vor Fertigstellung dieses Buches aber legten Anna Pytlik und Rolf Gehlen unter dem Titel *Mit der Wahrheit auf Kriegsfuß*[6] ihre Untersuchung über die Verfälschung vor, worin William Arrowsmith als *der Fälscher* der Rede Seattles dargestellt wird. Ein Beispiel aus diesem wissenschaftlich nicht korrekt recherchierten Artikel: »Der Arrowsmith-Text erfuhr 1972 eine weitere Veränderung durch die Southern Baptist Convention. Die Variante lehnt sich aber weitgehend an Arrowsmith' Vorlage an und weicht nur geringfügig von dieser ab. Beide Texte haben mit der Smith-Version so gut wie nichts mehr gemein...«[7].

Diese Behauptung ist völlig aus der Luft gegriffen. Die Autoren haben ganz offensichtlich nie die unverfälschte Fassung von William Arrowsmith zu Gesicht bekommen. Sie führen beispielsweise folgende Textstellen aus der Walter-Ausgabe als Arrowsmith-Version an:

»Die felsigen Höhen, die saftigen Wiesen, die Körperwärme des Ponys – und des Menschen –, sie alle

---

5 Chief Seattle's Speech(es), American Origins and European Reception – Almost a Detective Story. Dieser Bericht wurde bei der Biennial Conference der ›European Association for American Studies‹ im April 1984 in Rom vorgelegt.
6 Zeitschrift ›natur‹, Nr. 7, Juli 1984, München, S. 77–83.
7 Ebd., S. 77–78.

gehören zur gleichen Familie.« / »Ich bin ein Wilder und verstehe es nicht anders.« / »Ich bin ein Wilder und kann nicht verstehen, wie das qualmende Eisenpferd wichtiger sein soll als der Büffel...« / »...– unser Gott ist derselbe Gott.« / »...und der Anblick reifer Hügel geschändet von redenden Drähten –...«

Man mag vergleichen, ob die Behauptung von Pytlik und Gehlen stimmt. Der ›natur‹-Artikel *Mit der Wahrheit auf Kriegsfuß* hat den ›Fall Seattle‹ nicht geklärt, sondern ihn leider noch verworrener gemacht.

M. K.

Bildnachweis

Häuptling Seattle
mit freundlicher Genehmigung der University of Washington

Medizinmann Smohalla
mit freundlicher Genehmigung der Smithsonian Institution, National Anthropological Archives

Red Jacket
mit freundlicher Genehmigung von Sergius Golowin. Das Porträt stammt aus seinem Buch Indianer – Portraits & Mythen, Abi Melzer Verlag, Dreieich 1981

Häuptling Sitting Bull
mit freundlicher Genehmigung des Western History Departements, Denver Public Library

Häuptling Captain Jack
mit freundlicher Genehmigung der National Archives

Häuptling Red Cloud
mit freundlicher Genehmigung des W. H. Over Museums

Häuptling Powhatan
der Inhaber der Rechte war nicht zu ermitteln. Wir bitten ggf. um Nachricht.

Häuptling Moisé
mit freundlicher Genehmigung von Charles R. Reynolds, Jr.

Häuptling Black Hawk
mit freundlicher Genehmigung von Sergius Golowin. Das Porträt stammt aus seinem Buch Indianer – Portraits & Mythen, Abi Melzer Verlag, Dreieich 1981

Chief Joseph
fotografiert von F. J. Hayes, 1877. Mit freundlicher Genehmigung der Smithsonian Institution, National Anthropological Archives.

Politik und Zeitgeschehen im Heyne Sachbuch

Aktuell: Jugoslawien

19/249

Weitere Titel zum Thema:

Michael W. Weithmann
Krisenherd Balkan
19/207

Stichwort:
Das ehemalige Jugoslawien
19/4023

Stichwort:
Bosnien
19/4048

Wilhelm Heyne Verlag
München

FrauenReiseBerichte

Faszinierende Blicke auf fremde Welten und Kulturen, geschrieben von Frauen voller Neugier und Abenteuerlust.

19/2001

Außerdem erschienen:

Trudy Curloss
Hinter Kairo wird es besser
19/2002

Ella Maillart
Verbotene Reise
19/2007

Ella Maillart
Turkestan Solo
19/2010

Freya Stark
Im Tal der Mörder
19/2025

Wilhelm Heyne Verlag
München

Umfassende Nachschlagewerke zur Mythologie der Völker im Heyne Sachbuch

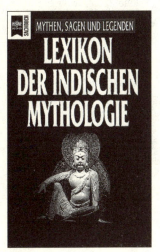

Außerdem erschienen:

Herbert Gottschalk
Lexikon der Mythologie
19/266

John und Caitlín Matthews
Lexikon der keltischen Mythologie
19/280

Jan Knappert
Lexikon der afrikanischen Mythologie
19/338

Wilhelm Heyne Verlag
München

TERRA-X

Den Geheimnissen der Erde auf der Spur

19/206

Außerdem erschienen:

Peter Baumann/
Gottfried Kirchner
Rätsel alter Weltkulturen
19/53

Gottfried Kirchner
**Rätsel alter Weltkulturen -
Neue Folge**
19/54

**Eldorado-Suche
nach dem Goldschatz**
19/55

Wilhelm Heyne Verlag
München